汽车复杂锻件生产与实习实践指导

张运军　吴华伟
陈天赋　梁文奎　著

中国水利水电出版社
www.waterpub.com.cn
·北京·

内容提要

本书共分为4章，内容包括：绪论；锻造设备；转向节锻造和其他加工；三环锻造实习安排及计划。本书从实用角度出发，重点突出了现代汽车复杂锻件生产的基本理论、方法和流程、实践安排。

本书可作为高等院校机械工程、材料科学与工程、车辆工程等专业的实践教材，也可供从事汽车制造、维修和科研方面的人员参考使用。

图书在版编目（CIP）数据

汽车复杂锻件生产与实习实践指导 / 张运军等著. —北京：中国水利水电出版社，2021.10
ISBN 978-7-5170-9886-7

Ⅰ.①汽… Ⅱ.①张… Ⅲ.①汽车—锻件—生产实习—教材 Ⅳ.① U463.06

中国版本图书馆 CIP 数据核字（2021）第 171287 号

书　　名	汽车复杂锻件生产与实习实践指导 QICHE FUZA DUANJIAN SHENGCHAN YU SHIXI SHIJIAN ZHIDAO
作　　者	张运军　吴华伟　陈天赋　梁文奎　著
出版发行	中国水利水电出版社 （北京市海淀区玉渊潭南路 1 号 D 座 100038） 网址：http://www.waterpub.com.cn E-mail：zhiboshangshu@163.com 电话：（010）62572966-2205/2266/2201（营销中心）
经　　售	北京科水图书销售中心（零售） 电话：（010）88383994、63202643、68545874 全国各地新华书店和相关出版物销售网点
排　　版	北京智博尚书文化传媒有限公司
印　　刷	河北文福旺印刷有限公司
规　　格	170mm×240mm　16 开本　10.5 印张　221 千字
版　　次	2021 年 10 月第 1 版　2021 年 10 月第 1 次印刷
印　　数	0001—1000 册
定　　价	39.00 元

凡购买我社图书，如有缺页、倒页、脱页的，本社营销中心负责调换

版权所有·侵权必究

前　言

人才是衡量一个国家综合国力的重要指标，习近平总书记历来高度重视人才工作，多次强调"功以才成，业由才广""发展是第一要务，人才是第一资源，创新是第一动力"。实习实训是高校人才培养的关键环节，也是专业知识与实际生产、理论知识与技术经验相结合，构建面向企业、社会、经济人才需求的重要保障。汽车产业作为世界上规模最大、最重要的产业之一，从某种意义上说，汽车产业的发展水平和实力反映了一个国家的综合国力和竞争力。随着"轻量化、电动化、智能化、网联化"的发展，汽车产业对实践创新人才需求更为紧迫。为适应当代汽车的应用型人才需求，急需一套涉及理论和实践高度融合的实习实训的书籍。

近几年湖北三环锻造有限公司按照国家《试点建设培育国家产教融合型企业工作方案》《我选湖北》，襄阳市委、市政府《关于全面提升区域创新能力加快推进国家创新型城市建设的实施意见》等文件，积极构建"产教融合型"企业，先后与华中科技大学、重庆大学、中国地质大学、湖北工业大学、湖北文理学院等高校建立了长期稳定产学研深度合作关系。合作方共同探索以大学生实习实训基地建设来推动校企合作，又围绕公司主业"转向节"制造生产、销售服务等，以校企合作促进实习实训基地发展的模式。现已初步建成了专业优势突出、产业特色鲜明、配套设施完善的大学生实习实训基地（以下简称"实训基地"），累计吸纳近万名大学生来我公司参加实习实训，先后引导近百名大学生就业于公司，为公司高质量发展提供强有力的人才保障和智力支撑。

本书共分为4章，内容包括：绪论；锻造设备；转向节锻造和其他加工；三环锻造实习安排及计划。本书从实用角度出发，重点突出了现代汽车复杂锻件生产的基本理论、方法和流程、实践安排，可作为高等院校机械工程、材料科学与工程、车辆工程等专业实践教材，也可供从事汽车制造、维修和科研方面的人员参考使用。

本书由湖北三环锻造有限公司和湖北文理学院的张运军、吴华伟、陈天赋、梁文奎合著。张运军编写第3章，吴华伟编写第4章，陈天赋编写第2章，梁文奎编写第 1 章。湖北文理学院新能源汽车团队的梅雪晴、聂金全、刘祯、吴红静、杜聪聪、陈前、薛君尧、赵千、雷宇、钱伟等老师和研究生对本书资料的收集和整理给予了无私的帮助和支持。在编写过程中，本书参考了一些国内外书籍、期刊等文献资料，并得到"应用型地方本科院校车辆专业班级管理"湖北省高校学生工作精品项目重点项目成果、湖北文理学院"机电汽车"、湖北省优势特色学科群、湖北文理学院协同育人专项和湖北文理学院教务处"特色教材"等项目的资助，在此一并表达感谢！

由于作者水平和能力有限，书中不足和不妥之处恳请读者批评指正，并提出宝贵的反馈意见。

作　者

2021.5

作 者 介 绍

张运军：男，1966年11月出生，中共党员，正高级工程师，湖北省汽车产业智库A类专家、全国锻压标准化技术委员会委员，享受湖北省政府专项津贴；先后荣获湖北省科技创新领军人物、湖北省创新创业明星、五一劳动奖章、全国优秀企业家等荣誉。任湖北三环锻造有限公司董事长、总经理，湖北三环车桥有限公司董事长，湖北文理学院客座教授、研究生校外兼职导师，湖北产业教授，华中科技大学研究生导师。

30多年来，张运军专注于汽车转向节工艺研发、技术创新和生产管理工作，积累了丰富的实践工作经验，主持新产品/新工艺研发31项，国家工业强基工程1项，承担国家首批智能制造专项1项，完成湖北省技术创新重大项目3项。在技术创新工作中，张运军及其团队创造了多个国内/行业第一，如研发出国内首件盘式制动转向节、国内首件商用车带臂转向节、国内首台转向节耐久性试验台等。建成的国内首个汽车零部件全流程数字化样板工程，荣获湖北省第七届长江质量奖、国家制造业与互联网融合发展示范项目。荣获湖北省科技进步一等奖1项、中国机械工业技术发明二等奖1项、中国机械工程学会科技进步一等奖1项，主持/参与制定国际标准1项、国家/行业标准8项、地方标准1项，授权发明专利23项，发表论文6篇。2017年4月，张运军接受中国科学技术协会邀请，参加创新驱动助力工程总结交流会，向国家副主席、科技部部长、中国科协党组书记等领导同志汇报创新工作新做法、新经验和新模式；2018年"传统锻造企业实现工艺全流程整合的智能化生产方式构建"荣获全国管理创新成果一等奖；2019年"传统锻造企业基于工业互联网的智能化制造创新实践"荣列全国智慧企业建设创新实践案例，"中重型商用车转向节"荣获全国制造业单项冠军产品；2020年"热模锻件在线自动化三维测量技术及装备"科技成果获中国机械工业联合会科技进步一等奖，"自动化热模锻生产线关键技术的自主研发与产业化"科技成果获湖北省科技进步一等奖；工信部授予其所在的公司"国家级绿色工厂"荣誉称号。

吴华伟：男，1979年9月出生，湖北襄阳人，工学博士，教授。湖北文理学院汽车与交通工程学院副院长，车辆工程专业湖北省省级教学团队负责人，"汽车测试技术""汽车可靠性"等课程负责人，"机电汽车"湖北省优势特色学科群"新能源汽车动力系统设计与测试技术"方向带头人。湖北省发改委汽车产业专家、襄阳市机械工程学会常务副会长。从事汽车、航空等交通领域的机电控制系统设计与仿真、故障诊断与健康管理等方面教学科研工作。

近年先后主持和参与国家863计划项目2项，省部级科研项目7项，国防军工项目4项；发表学术论文40余篇，其中EI、SCI检索21篇，核心期刊10余篇；授权发明专利15项，其中获襄阳市首届好专利银奖1项、襄阳市第二届好专利铜奖1项；计算机著作权23项；参加教育部协同育人项目2项；出版学术专著2部、教材4部；指导学生获省级以上学科竞赛奖励13项，培养研究生11名。获中国创造学会创造成果一等奖1项（第一完成人），湖北省科技进步奖2项（第一完成人），机械工业联合会技术发明二等奖1项（参与），空军装备理论研究优秀成果奖1项（第一完成人），湖北文理学院第十届优秀教学成果特等奖1项（第一完成人），湖北文理学院第九届优秀教学成果二等奖1项（第一完成人），襄阳市青年科技奖。襄阳市政府专家津贴、襄阳市优秀人才，湖北省第四批"博士服务团"工作先进个人。

陈天赋：男，1976年4月出生，湖北谷城人，湖北三环锻造有限公司技术部长，高级工程师。全国模具标准化技术委员会委员，华中科技大学兼职硕士生导师，襄阳市首席技术专家。

作为技术负责人，参与完成了国家智能制造专项1项、国家工业强基工程1项、湖北省技术创新专项重大项目2项。2019年9月，应邀参加了《2019新材料国际发展趋势高层论坛》，并作了3D打印材料制备与成形技术前沿论坛邀请报告。

从事锻造工艺及模具设计工作20余年来，累计发表专业论文10篇；累计授权专利35项，其中发明专利20项，获国际发明展览会金奖1项，全国发明展览会铜奖1项，湖北省优秀专利奖1项；起草并定稿国际标准1项、国家标准2项、行业标准2项；获湖北省科技进步一等奖1项、中国机械工业科技进步一等奖1项、中国机械工业技术发明二等奖1项。

梁文奎：男，1964年5月出生，湖北谷城人，湖北三环锻造有限公司党群工作部长，工程师。

参与研制的"盘式转向节绿色锻造技术研究及应用"科技成果获襄阳市科学进步三等奖。参与研制并被授权实用新型专利（《一种锻件温度监测装置以及锻造生产辅助系统》《工件车线检测件及工件车线检测装置》《转向节孔的检测装置及转向节孔的检测设备》）等5项。拥用软件著作权（《基于LabVIEW的转向节高温预警监控系统V1.0》《基于机器视觉的转向节自动分拣系统V1.0》《复杂环境下锻件身份识别系统V1.0.1》）等5项。论文《啮合刚度和径向支承刚度对复合行星轮系均载的影响比较》获襄阳市第二十一届优秀自然科学论文一等奖（第二完成人）。参与创造的管理创新成果18项，"传统锻造企业实现工艺全流程整合的智能化生产方式构建"荣获国家一等奖，"制造企业项目化的精益改善管理"等4项荣获国家二等奖，"应用精益生产理念，创新研发领域管理模式"等6项成果荣获湖北省一等奖。

目　　录

前言 I

第1章　绪论 1

1.1　锻造的优点 1
1.2　锻造生产在工业上的应用 1
1.3　锻造发展简史 2
1.4　锻造生产的发展趋势 4
　　1.4.1　自动化锻造及其弊端 4
　　1.4.2　智能锻造 5
　　1.4.3　智能锻造关键技术 5
1.5　锻件生产的分类 6
　　1.5.1　自由锻造 7
　　1.5.2　模锻 7
　　1.5.3　特种锻造 8
　　1.5.4　热锻 8
　　1.5.5　冷锻 8
　　1.5.6　温锻 8

第2章　锻造设备 10

2.1　锻造设备发展史 10
2.2　锻造设备分类及选型 11
2.3　常见锻造设备介绍 12
　　2.3.1　锻锤 12

		2.3.2 模锻锤	12
		2.3.3 压力机	13
		2.3.4 液压机	17
		2.3.5 辊锻机	17
		2.3.6 辗扩机（辗环机）	18

第3章 转向节锻造和其他加工 20

3.1	转向节概述		20
3.2	转向节锻造工艺		24
	3.2.1	下料	25
	3.2.2	加热、冷却及热处理	25
	3.2.3	模锻	35
	3.2.4	切边（冲孔）	38
	3.2.5	表面清理	39
3.3	转向节机械加工		40
	3.3.1	转向节的材料与毛坯制造	40
	3.3.2	转向节加工工艺分析	40
	3.3.3	转向节机械加工工序	42
	3.3.4	转向节切削工具	48
3.4	涂装及装配		53
	3.4.1	油漆工艺概述	53
	3.4.2	转向节底漆工艺	54
	3.4.3	转向节装配及安装位置	56
	3.4.4	转向节包装	58
3.5	转向节锻造模具制造		60
	3.5.1	锻模的材料	60
	3.5.2	锻模的加工	61
	3.5.3	锻模的使用环境	65
	3.5.4	锻模的失效形式及表面强化处理	66
	3.5.5	锻模3D打印再制造工艺流程	68
3.6	转向节质量管理		73
	3.6.1	锻件常见的缺陷、产生的原因及提高锻件质量的措施	73

3.6.2 锻件和锻模的检测.. 79
3.6.3 产品全寿命周期管理 82

第4章 三环锻造实习安排及计划 86

4.1 湖北三环锻造有限公司介绍 86
4.1.1 企业基本情况 86
4.1.2 地理位置 86
4.1.3 企业发展历程 87
4.1.4 营业收入增长 88
4.1.5 公司主要产品 89
4.1.6 客户与市场 90
4.1.7 技术与研发 90
4.1.8 装备能力 95
4.1.9 近几年主要荣誉和成果 98
4.1.10 公司企业文化及未来规划 120

4.2 实习内容和计划 121
4.2.1 实习的目的 121
4.2.2 实习分类及安排 122
4.2.3 部分实习指导书 124
4.2.4 转向节锻件通用技术条件 129

4.3 基地管理办法 136
4.3.1 实习实训基地管理办法 136
4.3.2 安全教育 138
4.3.3 实习实训安全纪律要求 142
4.3.4 实习岗位工作规程 143
4.3.5 考核方案及标准 144

4.4 实习图片（图4-73～图4-82） 146

参考文献 152

第1章 绪 论

1.1 锻造的优点

锻造是一种利用锻压机械对金属坯料施加压力,使其产生塑性变形,以获得具有一定力学性能、一定形状和尺寸锻件的加工方法,是锻压(锻造与冲压)的两大组成部分之一。为了使金属材料在高塑性下成型,通常锻造是在热态下进行,因此锻造也称为热锻。通过锻造能消除金属在冶炼过程中产生的铸态疏松等缺陷,优化微观组织结构,同时由于保存了完整的金属流线,锻件的力学性能一般优于同样材料的铸件。相关机械中负载高、工作条件严峻的重要零件,除形状较简单的可用轧制的板材、型材或焊接件外,多采用锻件。

锻造与其他加工方法比较具有如下优点:

(1)**锻件质量比铸件质量高** 能承受大的冲击力,塑性、韧性和其他方面的力学性能都比铸件高甚至比轧件高;所以凡是一些重要的机器零件都应当采用锻件。

(2)**节约原材料** 例如汽车上用的净重17kg的曲轴,采用轧材锻造切削时,切屑要占轴重的89%;而采用模锻坯切削加工时,切屑只占轴重的30%,还缩短加工工时1/6。

(3)**生产效率高** 例如生产内六角螺钉,采用模锻成形的生产率是切削加工的50倍;采用顶锻自动机生产M24螺帽时,为六轴自动车床生产效率的17.5倍。

1.2 锻造生产在工业上的应用

由于金属锻造加工的上述优点,金属锻造加工已广泛应用于各个工业部门零件的生产(见图1-1)。如机床零件中,锻件质量占60%;汽车零件中60%~70%

由锻造加工而成,占质量的 80%;飞机制造业中锻造及其板料成型零件占 80%,如 A380 民航客机的起落架成型,需要在 750 000kN 的压力机上锻造完成。电力工业中的大型发电机的转子、护环、汽轮机轴等均为锻件;冶金工业中轧辊、模具等的零件可由锻造加工而成;兵器工业的武器传动件,如坦克、航空发动机零件中锻件占 80%。目前,锻造生产能力的大小和设备及工艺的先进程度已经成为一个国家工业水平高低的重要标志之一。

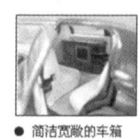

图 1-1 锻造在工业上应用

1.3 锻造发展简史

早在 2500 多年前,我国的春秋时期就已应用锻造方法制作工具和各类兵器,并已达到了较高的技术水平。例如,在秦始皇陵兵马俑坑的出土文物中有三把合金钢锻制的宝剑,其中一把至今仍光艳夺目,锋利如昔,目睹者叹为观止。但是,由于长期的封建统治,我国的生产力长期处于停滞状态。1949 年前,我国的机械制造工业非常落后,而锻造生产更是其中最落后的一环。当时,我国的锻造生产基本上采用手工锻造,仅少数工厂采用小吨位的自由锻锤生产一些形状简单的自由锻件。全国仅有三四个铁路机车修理厂有几台 3~5t 自由锻锤,这些工厂也都是为英、俄、德等帝国主义国家对我国进行侵略和掠夺而服务的。1949年前，我国锻工的劳动条件极为恶劣。

1949年以后，我国的锻造业可以说是从无到有、从小到大地建立起来了。随着我国工业体系的全面发展，在我国很多大、中型企业里建立了用近代锻压设备装备起来的锻压车间，较大的设备有5t自由锻锤、12 0000kN自由锻水压机、16t蒸汽-空气模锻锤、30 000kN模锻水压机、10 000kN螺旋压力机、12 000kN热模锻压力机、2000kN平锻机、40 000kN精压机、63 000kN液压螺旋压力机，图1-2所示是我国自行研制的世界最大800kN模锻液压机；并建造了与锻造设备相配套的加热设备，其中一些锻压车间采用了煤气和燃油加热炉，近些年电加热炉得到了越来越多的应用。此外，为了减轻工人的劳动强度，在一些锻压车间里还安装了操作机和出料机等。

图1-2　我国自行研制的世界最大800kN模锻液压机

热锻方面，大型自由锻造的设备能力过剩，设备布局分散，利用率极低，机械化、自动化程度低，锻件加工余量大，工人劳动条件差、劳动强度大。国内自行设计制造了三条800t双机联动快锻机组，但自动化程度不高。汽车大型模锻件的自动化方面，只有一汽、二汽等少数大公司从国外引进热模锻压力机自动线，绝大部分仍采用蒸汽-空气模锻锤和压力机模锻相结合的格局，自动化程度低；中小件的模锻仍然是模锻锤占多数，基本上是手工操作，锤上模锻机械手实际应用很少，高速自动热锻机主要依赖进口。

随着我国工业技术水平的发展，特别是以轿车为代表的汽车工业快速发展，带动汽车零件的产量和质量不断提高。但必须清醒地认识到，我国与国际先进水平仍有很大差距，国内同行之间的竞争也日趋激烈。中国汽车工业的发展离不开装备工业的大力支撑，锻压设备制造业必须满足汽车工业大批量生产的要求，向自动化、高效率方向发展。

1.4 锻造生产的发展趋势

1.4.1 自动化锻造及其弊端

锻造生产发展的总趋势是使锻件形状、尺寸和表面质量最大限度地与产品零件相接近，以达到少、无切削加工的目的，为此应逐步发展和完善精密成型新技术，发展高效精密的锻压设备。

为适应新产品开发，缩短研制周期，应发展柔性加工技术和CAD/CAM技术。CAD是在人的参与下，以计算机为中心的一整套系统，它对模锻工艺及模具进行最优化设计，其中包括资料检索、工艺计算、方案拟定、绘图和输出数控加工程序。CAM则是在人的参与下，计算机对工件的制造进行监督、控制和管理。将CAD的结果通过CAPP(计算机辅助加工工艺)直接传送给CAM的系统叫作CAD和CAM的集成，简称为CAD/CAM。

锻造行业自动化发展趋于成熟，然而自动化仅仅满足了生产数量及节拍上的需求，在自动化日渐成熟的今天已经无法成为企业的核心竞争力，尤其与智能化工厂相比往往会出现如下弊端：

（1）无法搭建信息系统环境。传统的锻造设备仅仅满足了生产动作的控制，无法将每一次生产过程信息记录下来，在生产过程中无法引入信息化系统和实现生产过程信息的透明化。

（2）生产出来的锻件不能和后续工序紧密连接；当产品品种切换的时候，不能准确下达、迅速换产。设备利用率无法提升，空闲时间无法减少，没有好的排产计划，设备也难以发挥最大生产能力。

（3）目前的锻造企业设备往往仅能实现单一或极少品种的切换，已满足不了日益多样化的市场需求，切换产品甚至需要切换设备，且浪费巨大人力及时间。

因此，锻造企业只有通过发展贯穿整个企业的信息化、智能化技术，才能使企业取得行业领先地位。

1.4.2 智能锻造

智能锻造是人员和技术领域中新兴的以信息改变为工具，通过综合利用智能决策、智能工业过程和智能资源等手段，构建锻造行业车间数据模型，应用新型生产设备，完成从车间生产到最终产品完工、检验入库等全过程的实时数据采集，并针对各种数据进行综合分析描述，建立具有时间属性和映射关系的数据动态模型。从而改变传统生产模式，改善其生产性能和工艺等，进而创造并提供可持续的高价值产品。

1.4.3 智能锻造关键技术

（1）**"一个流"的精益、敏捷制造模式** 改变传统锻造生产流程分散式布局观念，把"下料→加热→锻造→热处理→喷丸→探伤"实施一个流的工艺布局，配置了机器人、智能传感器、快速换模系统，运用信息化手段和优化全局生产流程，实现汽车复杂锻件精益化生产和敏捷制造，适应客户多品种、小批量个性化需求。

（2）**复杂锻件全流程质量控制与追溯** 针对复杂锻件加工工序多，产品质量影响因素多（如受到的材料性能、温度、模具、设备等影响），质量控制和管理复杂的特点，通过增加各类智能传感器及各单机设备的控制系统和各质检单元信息系统的互联互通，建立信息物理融合系统的网络环境，实时采集质量控制所需的全流程、各工序的关键数据；基于统计学理论建立关联工序的全过程质量分析模型，并计算生产过程工序能力，以量化、科学的手段实现生产过程的质量可控及可追溯。

（3）**锻造模具 3D 打印再制造智能装备** 采用三维扫描仪对气刨后的复杂锻模型腔进行自动化测量，对扫描后生成的数据云点建立数模，与标准三维模型进行比对，通过软件生成焊接程序并模拟运行，将检查无误的程序反馈给机器人，完成复杂锻模的自动化、智能化的再制造。使用锻造模具 3D 打印再制造智能装备后，提高了模具使用寿命和制造效率。

（4）**专家决策和智能优化系统** 针对复杂锻件生产过程中的质量控制、能源优化、效率提升，利用所积累的大量生产历史数据，将机理、数据与知识相结合，利用特征提取、数据挖掘及建立具有自学习特征的知识库等手段，运用大数据分析,以规则推理与案例推理相结合的方法进行工艺参数、设备参数的优化,实现精密锻件生产过程从经验式向定量化、智能化转变。

(5)**复杂锻件数字化工厂模型** 针对复杂锻件的跨部门、跨车间、跨专业的复杂生产过程,结合工厂的需求建立了一种基于 ANSI/ISA95 标准模型搭建的工厂模型,包括层次模型、功能数据流模型和对象模型。将执行层与决策层集成在一起,最终形成一个有效的信息系统来集成计划层与过程信息的控制,用以解决集成化决策机制面对的挑战:模块化、数据可用性、标准化和信息流的高效。

图 1-3 所示为三环锻造公司 6300T 智能锻造生产线框图。

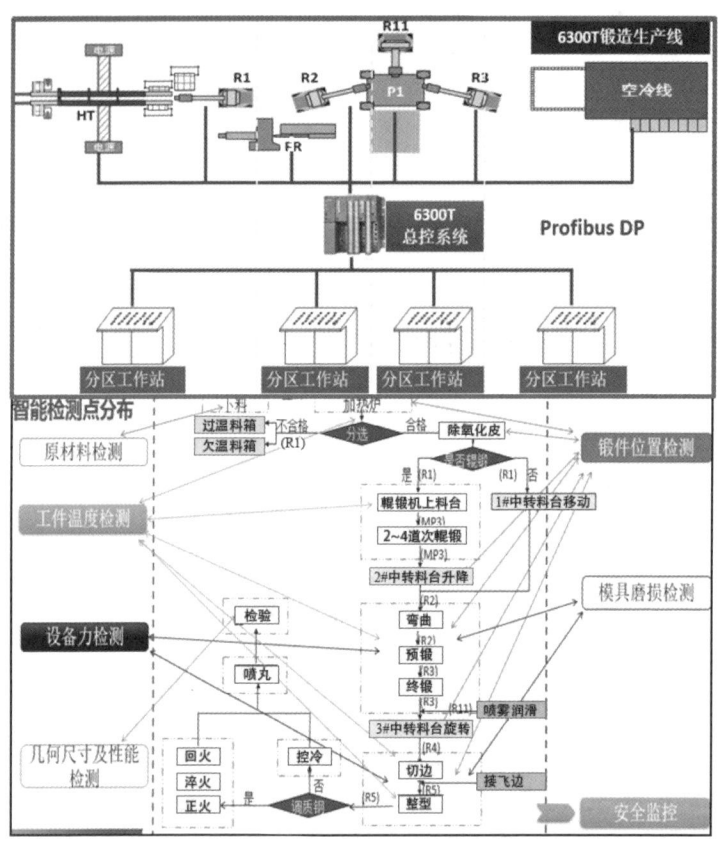

图 1-3 三环锻造公司 6300T 智能锻造生产线框图

1.5 锻件生产的分类

根据所用工具和生产工艺的不同可分为自由锻造、模锻和特种锻造;按温度来分有热变形(热锻)、冷变形(冷锻)和温变形(温锻)。

1.5.1 自由锻造

自由锻造是只用简单的通用性工具或在锻造设备的上、下砧间直接使坯料变形而获得所需的几何形状及内部质量锻件的方法。

自由锻造特点：工具简单、通用性好，操作灵活、适应广泛，大型锻件唯一方法。

自由锻造工序：锻造时，锻件的形状是通过各种变形工序将坯料逐步锻成的。自由锻造的工序按其作用不同分为基本工序、辅助工序和精整工序三类。

基本工序：使坯料完成主要变形的工序称为基本工序，常用的有镦粗、拔长、冲孔、扩孔、弯曲、切割、扭转、错移和锻接等。

辅助工序：为方便基本工序的操作，先对坯料进行少量的变形，如压肩、压钳口、倒棱等。

精整工序：为使锻件尺寸、表面合格而设置的工序，是基本工序后的应用工序，如校正、滚圆、表面平整等。

自由锻造还可以借助简单的模具进行锻造。把加热好的坯料用自由锻造方法预锻成近似锻件的形状，然后在自由锻造设备上用胎模终锻成型（形状简单的锻件可直接把坯料放入胎模内成型），这种锻造方法称为胎模锻造。

1.5.2 模锻

模锻是利用模具使毛坯变形而获锻件的锻造方法。

模锻按使用的设备不同分为锤上模锻、热模锻压力机上模锻、曲柄压力机上模锻、平锻机上模锻及摩擦压力机上模锻等。

模锻又分为开式模锻和闭式模锻。开式模锻即有飞边的模锻，通过设计可以容纳多余金属的飞边槽使得锻造成型时材料不完全限制在模腔内流动。闭式模锻即无飞边模锻，一般在锻造过程中上模与下模的间隙不变，坯料在四周封闭的模腔中成型，不产生横向飞边，少量的多余材料将形成纵向毛刺，毛刺在后续工序中除去。与开式模锻相比，闭式模锻可以大大提高金属材料的利用率。

按照材料分，模锻还可分为黑色金属模锻、有色金属模锻和粉末制品成型。顾名思义，就是材料分别是碳钢等黑色金属、铜铝等有色金属和粉末冶金材料。

挤压归属于模锻，可以分为重金属挤压和轻金属挤压。

模锻特点：与自由锻相比，生产率高；锻件形状较复杂，尺寸精度高；切削余量小，材料利用率高；操作简单及模具费用高等。

1.5.3 特种锻造

特种锻造即在专用锻压设备上或在特殊模具型槽内使坯料成型的一种特殊锻造工艺。

一般锻造方法很难达到要求时，可用特种锻造工艺。如精密模锻、温热挤压、辊锻、电镦、摆动辗压、粉末锻造、液态模锻、等温模锻和超塑性模锻等。

1.5.4 热锻

热锻：变形温度在再结晶温度以上，在变形过程中软化与加工硬化同时并存，但软化能完全克服加工硬化的影响；变形后金属具有再结晶等细晶粒组织，这种变形称为热变形。自由锻、热模锻、热轧、热挤压等工艺都属于热变形。这是应用最广的一种锻造工艺。

热变形的特点是：金属的塑性高，变形抗力小，即可锻性好。因此，可用于加工尺寸大、形状复杂的锻件，并可改善金属组织的力学性能。但在热变形过程中，金属表面易形成氧化皮。它与冷变形相比，锻件的尺寸精度和表面粗糙度较差，劳动条件也较差，生产率较低，还需配备相应的加热设备等。

1.5.5 冷锻

冷锻：变形温度低于回复温度时，金属在变形过程中只有加工硬化而无回复与再结晶现象，这种变形称为冷锻或冷变形。锻造生产中的冷锻、冷轧、冷挤压、拔丝等都属于冷变形。

冷变形的特点是：尺寸精度高，表面粗糙度好，劳动条件好，生产效率高。但冷变形时金属的变形抗力大，塑性差，并积聚有残余内应力，需中间退火后才能继续变形。尽管如此，冷变形工艺的优点使得它被越来越广泛地采用。

1.5.6 温锻

温锻：变形温度在再结晶和回复温度之间进行的锻造。它既有加工硬化，又有回复再结晶的软化，但软化作用小于硬化作用，在金属内部总是部分地保留加工硬化的特征。这样的锻造称为温锻，或称为温变形、半热锻。如温挤压、半热锻等。

温锻获得的尺寸精度和表面粗糙度仅次于冷锻的锻件。它部分地保留加工硬化的后果，是强化金属制件力学性能的一种手段，并作为热处理对某些金属材料强化效果不足之处的弥补。如 50Mn18Cr4W(N) 奥氏体护环钢在 500℃左右的半热锻，06Cr19Ni10 不锈钢在 200℃左右的温热挤压。温锻较冷锻的变形抗力小，塑性高，残余内应力小，是一种很有前途的工艺方法。

温锻的缺点是：变形温度要求严格控制，需要加热设备；由于温锻比热锻的抗力大，因此需要较大吨位的锻压设备。

第 2 章 锻 造 设 备

锻造设备主要是用于金属成型和分离的机械设备，又称为金属成型机床。锻造设备通过对金属施加压力使之成型，力大是其基本特点，故多为重型设备；设备上多设有安全防护装置，以保障设备和人身安全。

2.1 锻造设备发展史

人们为了制造工具，最初是用人力、畜力转动轮子来举起重锤锻打工件，这是最古老的锻压机械。14 世纪出现了水力落锤。15—16 世纪航海业蓬勃发展，为了锻造铁锚等，出现了水力驱动的杠杆锤。18 世纪出现了蒸汽机和火车，因而需要更大的锻件。

1842 年，英国工程师内史密斯创制第一台蒸汽锤，开始了蒸汽动力锻压机械的时代。1795 年，英国的布拉默发明水压机，但直到 19 世纪中叶，由于大锻件的需要才将其应用于锻造。

随着电动机的发明，19 世纪末出现了以电为动力的机械压力机和空气锤，并获得迅速发展。第二次世界大战以来，75 万 kN 的模锻水压机、1500kJ 的对击锤、6 万 kN 的板料冲压压力机、16 万 kN 的热模锻压力机等重型锻压机械，以及一些自动冷镦机相继问世，形成了门类齐全的锻压机械体系。

20 世纪 60 年代以后，锻压机械改变了从 19 世纪开始的向重型和大型方向发展的趋势，转而向高速、高效、自动、精密、专用、多品种生产等方向发展。于是出现了每分钟行程 2000 次的高速压力机、6 万 kN 的三坐标多工位压力机、2.5 万 kN 的精密冲裁压力机、能冷镦直径为 48mm 钢材的多工位自动冷镦机和多种自动机、自动生产线等。各种机械控制、数字控制和计算机控制的自动锻压机械以及与之配套的操作机、机械手和工业机器人也相继研制成功。

现代化的锻压机械可生产精确制品，有良好的劳动条件，环境污染很小。

2.2 锻造设备分类及选型

锻造设备种类很多,按照工作部分运行方式分为直线往复运动(见图 2-1)、相对旋转运动设备;按工艺用途分类为自由锻锤、模锻锤;按打击特性分为砧座锤、对击锤;按驱动原理、结构特点和工艺用途分为机械锤、空气锤、蒸汽-空气锤、液压锤、压力机、锻造辅助设备等。

图 2-1 直线往复锻造设备

常用锻造设备有模锻锤、热模锻压力机、螺旋压力机(screw press)、辊锻机、扩孔机、平锻机、楔横轧等。锻造设备的选用,主要是由生产的实用性和经济性所决定的。应该根据工厂现有设备的实际情况及产品结构灵活选用。一般来说,大批量生产的浅型腔模锻件宜选用热模锻压力机;中等批量模锻件、小型复杂锻件宜选用有砧座模锻锤;难变形材料的大、中型模锻件宜选用对击锤;形状对称精密锻件宜选用螺旋压力机;中小型自由锻件选用自由锻锤;大型锻件选用自由锻锤或水压机;大型轻金属模锻件宜选用液压机。

2.3 常见锻造设备介绍

2.3.1 锻锤

锻锤（见图 2-2）是一种最古老而又万能的锻压设备，在锻造工业中一直发挥着重要作用，虽然其他一些锻压设备如液压机和机械压力机等的出现和发展在一定程度上取代了一部分锻锤的工作，但锻锤仍是机械制造业中量大面广、不可缺少的一种锻压设备。

图 2-2 单柱式蒸汽-空气自由锻锤

2.3.2 模锻锤

模锻锤（见图 2-3、图 2-4）是各种模锻设备的先驱，因为其可以改变金属材料内部组织，提高其力学性能。尽管各种锻造新工艺、新设备不断涌现，然而模锻锤在各国模锻工业中仍占主导地位，绝大多数模锻件都是在锤上生产的。根据设备不同，模锻分为锤上模锻、曲柄压力机模锻、平锻机模锻、摩擦压力机模锻等。锤上模锻所用的设备为模锻锤，通常为空气模锻锤。对形状复杂的锻件，先在制坯模腔内初步成型，然后在锻模腔内锻造成型。

图 2-3　空气-蒸汽模锻锤

图 2-4　电液模锻锤

2.3.3　压力机

压力机由电动机经过传动机构带动工作机构，对工件施加工艺力。传动机构为皮带传动、齿轮传动的减速机构；工作机构分螺旋机构、曲柄连杆机构和液压缸。

压力机分曲柄压力机、螺旋压力机和液压机三大类。曲柄压力机又称为机械压力机。

1. 机械压力机

机械压力机是用曲柄连杆或肘杆机构、凸轮机构、螺杆机构传动的锻压机械，用于对材料进行压力加工的机床，通过对坯件施加强大的压力使其发生变形和断裂来加工成零件。机械压力机工作平稳、工作精度高、操作条件好、生产率高，易于实现机械化、自动化，适于在自动线上工作，广泛应用于汽车、船舶等工业机械。机械压力机在数量上约占各类锻压机械总数的一半以上。

机械压力机的规格用公称工作力（kN）表示，它是以滑块运动到距行程的下止点10~15mm处（或从下止点算起曲柄转角α为15°~30°时）为计算基点设计的最大工作力。

国产的第1台机械压力机于1955年在济南第二机床厂制造成功。

热模锻压力机系曲柄压力机，其工作原理和通用曲柄压力机一样，是通过不同形式的曲柄滑块机构把主传动的旋转运动转变为滑块的往复运动，并借助于固定在机身工作台和滑块上的上、下模具实现加热金属的成型。在模锻过程中所需的模锻力是通过压力机飞轮转速降低所释放的能量产生的。

热模锻压力机（见图2-5）的特点是：行程固定，工作速度为0.5~0.8m/s，行程次数35~90次/min，设备刚度好，导向精度高；有顶杆，金属在每一模腔中一次成型；不宜拔长、滚压，但可用于挤压；锻件精度较高，模锻斜度小；适用于短轴类锻件，配备制坯设备时也能模锻长轴类锻件。目前常见的压力机有315t/630t/1000t/1600t/2000t/3150t/4000t/6300t/8000t/12 500t等几种规格。

图 2-5　热模锻压力机

2. 螺旋压力机

螺旋压力机是通过使一组以上的外螺栓与内螺栓在框架内旋转产生加压力形式的压力机械的总称。螺旋压力机可分为两种方式，一种是向螺栓上施加扭矩而产生静压的方式，另一种是通过螺栓上固定飞轮的旋转能量集中一次用于成型的方式。只要是通过螺旋结构使滑块产生上下成型扭矩的压力机，均视为螺旋压力机。

螺旋压力机起源于 15 世纪的德国，有位叫约翰·唐地贝格的人发明了一种活字印刷机，涂上油墨的活字板通过螺旋装置被压摁在纸上。这种机器被当作榨葡萄汁和橄榄油的木制螺栓压榨机来使用，可以说是所有压力机械的起源。它采用的是逐步长时间压缩的施加静压方式。后来的锻造用螺旋压力机，发展到可在外螺栓轴上端安装转轮，采用飞轮方式蓄积能量进行驱动。最初是人力操作旋转飞轮，后来因为这样效率低、人工劳动强度大，人们在机械上部安装了两片可以持续运转的摩擦盘，成功地通过连杆将牛皮缠绕在飞轮上，使其相互接触运转产生动力。这便是摩擦螺旋压力机，采用的是摩擦驱动方式。

摩擦螺旋压力机在早期是操作工人用手动方向盘操纵连杆控制的，滑块上下移动和加压力的强弱程度完全依赖于操作工人的熟练程度。后来连杆方式消失，取而代之的是通过油压或空压气缸与继电器控制的按键开关和脚踏板来操作的方式。再后来采用了通过编码装置直接感知滑动速度来进行加压能量控制的方式。

此外，驱动方式不仅限于摩擦离合器方式，人们还开发了液压马达驱动、电动机直接驱动、开关磁阻电动机驱动、永磁同步伺服电动机驱动等多种方式。其中采用伺服电动机驱动的数控压力机在替代摩擦压力机和进行摩擦压力机改造方面都获得了很好的效果。

螺旋压力机主要应用于各种高、中、低档耐火材料的成型产品加工或各种金属材料产品的加工成型（冷、热锻加工，薄锻件的冷锻，铸造锻造）。

一般螺旋压力机的下部都装有锻件顶出装置。螺旋压力机兼有模锻锤、机械压力机等多种锻压机械的作用，适用性强，可用于模锻、冲裁、拉深等工艺。此外，螺旋压力机，特别是摩擦压力机结构简单，制造容易，所以应用广泛。螺旋压力机的缺点是生产率和机械效率较低。

螺旋压力机无固定下死点，对较大的模锻件，可以多次打击成型，可以进行单打、连打和寸动。打击力与工件的变形量有关，变形大时打击力小，变形小（如冷击）时打击力大，与锻锤相似；但它的滑块速度低（约 0.5m/s，仅为锻锤的 1/10）。打击力通过机架封闭，故工作平稳，振动比锻锤小得多，不需要很大的基础。

螺旋压力机装有打滑保险机构,将最大打击力限制在公称压力的两倍以内,以保护设备安全。

电动螺旋压力机(见图2-6)的基本工作原理是:电动机驱动螺旋压力机的飞轮、套轴与螺母一起频繁正反转运动,螺母与螺杆形成运动副,螺母驱动螺杆和滑块上下运动,产生打击力。以PLC(可编程逻辑控制器)为核心的控制系统设计有几个工作程序段,各程序段的打击速度可以通过对应的电气进行调节;各程序段的打击次数可以通过对应的计数器进行设置。可采集压力机各瞬间工作状态进行逻辑判定,完成对电动机控制和制动、进出料装置控制、气动出模控制。配以对应各类工件的进出料装置,压力机可实现全自动工作。

图2-6　电动螺旋压力机

螺旋压力机可分为:摩擦螺旋压力机,即双盘摩擦螺旋压力机;液压高能螺旋压力机,即离合器式高能螺旋压力机,由电动机驱动飞轮,飞轮在离合器的作用下驱动螺杆电动(直驱)螺旋压力机。

螺旋压力机行程不固定,工作速度为1.5~2m/s,上、下模有顶杆,一般设备刚度差,打击能量可调,每分钟行程次数少,金属冷却快,不宜拔长、滚压,摩擦螺旋压力机对偏载敏感。其一般用于中小件单膛模锻,配备制坯设备时,也能模锻形状较复杂的锻件,还可以用于镦锻、精锻、挤压、冲压、切边、弯曲、校正。目前国内外常见的螺旋压力机有 315t/630t/1000t/1600t/2000t/3150t/4000t/6300t/8000t/12 500t 等规格。

2.3.4 液压机

液压机是一种以液体为工作介质,用来传递能量以实现各种工艺的机器。液压机除用于锻压成型外,也可用于矫正、压装、打包、压块和压板等。

液压机是利用帕斯卡定律制成的利用液体压强传动的机械,按照用途可分为很多种;按传递压强的液体种类来分,以水基液体为工作介质的称为水压机,以油为工作介质的称为油压机。液压机的规格一般用公称工作力(kN)或公称吨位(t)表示。液压机所用的工作介质的作用不仅是传递压强,而且保证机器工作部件工作灵敏、可靠、寿命长和泄漏少。液压机对工作介质的基本要求是:

（1）有适宜的流动性和低的可压缩性,以提高传动的效率。
（2）能防锈蚀。
（3）有好的润滑性能。
（4）易于密封。
（5）性能稳定,长期工作而不变质。

液压机最初用水作为工作介质,以后改用在水中加入少量乳化油而成的乳化液,以增加润滑性和减少锈蚀。19 世纪后期出现了以矿物油为工作介质的油压机。油有良好的润滑性、防腐蚀性和适度的黏性,有利于改善液压机的性能。20 世纪下半叶出现了新型的水基乳化液,其乳化形态是"油包水",而不是原来的"水包油"。"油包水"乳化液的外相为油,它的润滑性和防腐蚀性接近油,且含油量很少,不易燃烧。但水基乳化液价格较贵,限制了它的推广。

大型锻造液压机是能够完成各种自由锻造工艺的锻造设备,是锻造行业使用最广泛的设备之一。目前有 800t/1600t/2000t/2500t/3150t/4000t/5000t 等系列规格的锻造液压机。

2.3.5 辊锻机

辊锻机(见图 2-7)的模膛置于两扇轧辊上,辊锻时轧辊相对旋转,特点:金属在模膛中变形均匀。适宜拔长,主要用于模锻前制坯或形状不复杂锻件的直接成型,模锻扁长锻件。

图 2-7 辊锻机

2.3.6 辗扩机（辗环机）

辗扩机的轧辊相对旋转（见图 2-8、图 2-9），在工作轧辊上刻出环的截面。特点：变形连续，压下量小，具有表面变形特征，壁厚均匀，精度一般。热辗扩主要用于生产等截面的大、中型环形毛坯，辗扩直径范围在 40~5000mm。

图 2-8 立式辗扩机

图 2-9 卧式辗扩机

第3章 转向节锻造和其他加工

3.1 转向节概述

汽车转向节（俗称羊角）是汽车转向系统中的主要结构和受力部件，形状极其复杂，并且兼具轴类、盘形类和枝芽类等零件的各种特点。转向节在汽车上的安装位置如图3-1所示。转向节是汽车前轮导向及承载部分的关键零件之一，与前梁组装后构成铰链装置，利用该铰链装置可以使车轮偏转一定角度，从而实现汽车的转向行驶。转向节是车轮和转向盘之间的联系纽带，通过转向盘的旋转，带动连杆，即开始调车轮的角度，而车轮通过两个轴承与转向节配合，使它们连接在一起。转向节锥孔与转向节臂配合，并和转向横拉杆连接。转向节的功用是承受汽车前部载荷，支承并带动前轮绕主销转动而使汽车转向。在汽车行驶状态下，它承受着多变的冲击载荷，因此，要求其具有很高的强度。转向节通过3个衬套和两个螺栓与车身相连，并通过法兰盘的制动器安装孔与制动系统相连。在车辆高速行驶时，路面通过轮胎传递到转向节上的振动，是我们分析时考虑的主要因素。转向节是汽车重要安全零部件，全世界的行业人士都极其重视其安全特性；充分认识其安全特性对转向节的加工有着特别重要的作用，并应贯穿到整个制造过程的控制。

转向节按扭转方向是否有明显的弹性，可分为刚性转向节和挠性转向节。刚性转向节是靠零件的铰链式连接传递动力的，可分成不等速转向节（如十字轴式）、准等速转向节（如双联式、凸块式、三销轴式等）和等速转向节（如球叉式、球笼式等）。挠性转向节是靠弹性零件传递动力的，具有缓冲减振作用。

转向节按装配位置可分为左转向节、右转向节两种。左转向节的上、下耳部各有一分别用于安装转向节上臂和下臂的锥孔，而右转向节只在下耳有一个安装下臂的锥孔。

转向节是车轮转向的铰链，一般呈叉形。上下两叉有安装主销的两个同轴孔，转向节轴颈用来安装车轮。转向节上销孔的两耳通过主销与前轴两端的拳形部分相连，使前轮可以绕主销偏转一定角度而使汽车转向。为了减小磨损，转向节销孔内压入青铜衬套，衬套用装在转向节上的油嘴注入的润滑脂润滑。为使转向灵活，在转向节下耳与前轴拳形部分之间装有轴承。在转向节上耳与拳形部分之间还装有调整垫片，以调整其间的间隙。

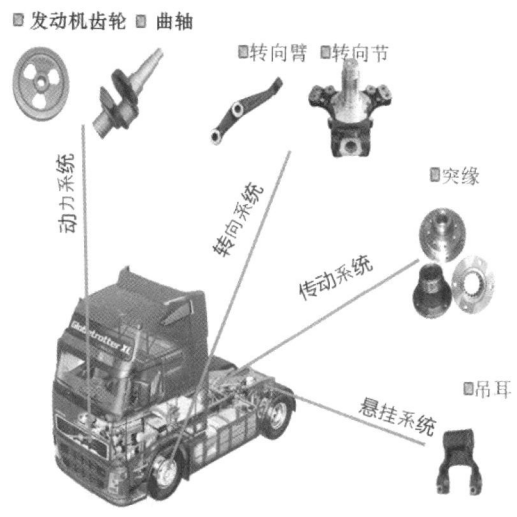

图 3-1　转向节在汽车上的安装位置

大多数重型车前轮都悬置在刚性前桥和转向节上。前桥是由经过热处理和落锤锻造的特种钢制成的整体（见图 3-2）。转向节通过主销安装在前桥上（见图 3-3），且可活动，两端均开有轴径。上轴径由锥形滚柱轴承组成，滚柱轴承能承载前桥的压力，衰减车辆的横向运动。主销下部轴承由衬套构成，该衬套只承受由横向运动引起的载荷。

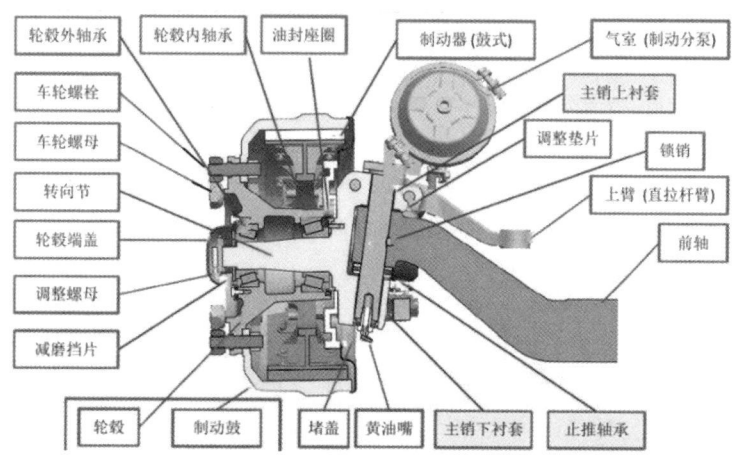

图 3-2　前桥总成局部剖视图

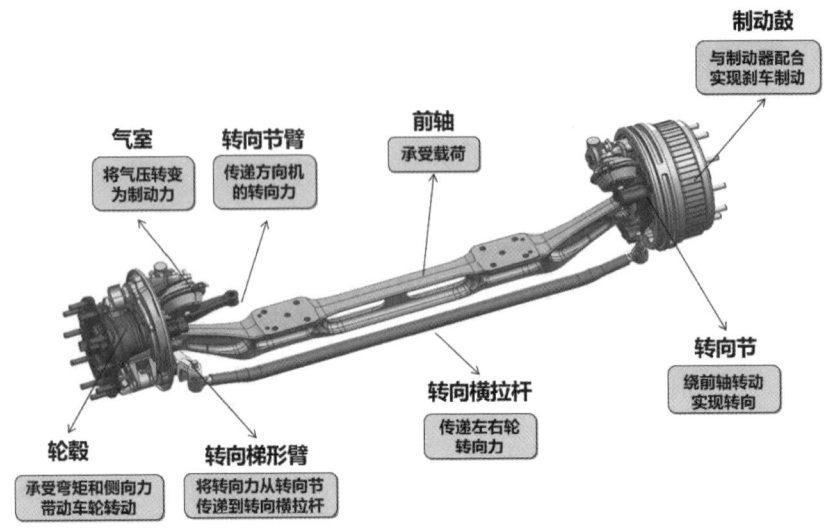

图 3-3 转向节在前桥上的位置

盘式转向节如图 3-4 和图 3-5 所示。

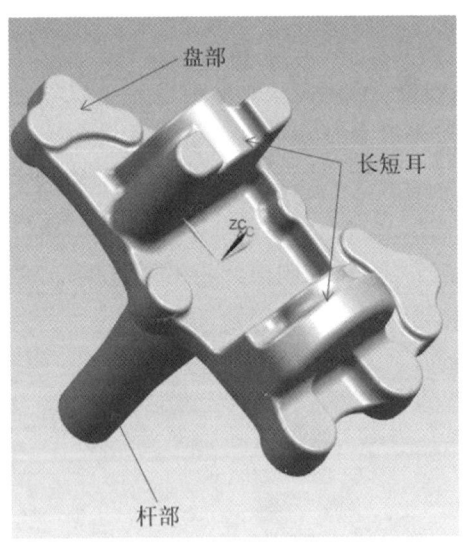

图 3-4 盘式转向节示意图

转向节横拉杆臂：也叫梯形臂、左右臂，属保安件、锻件。其通过两孔用螺栓与转向节相连，锥孔与横拉杆球销连接，形成转向梯形，实现汽车转向时内外车轮近似绕同一圆心转动，从而减小轮胎磨损。它是汽车零部件中的重要安保件。

拉杆臂如图 3-6~图 3-9 所示。

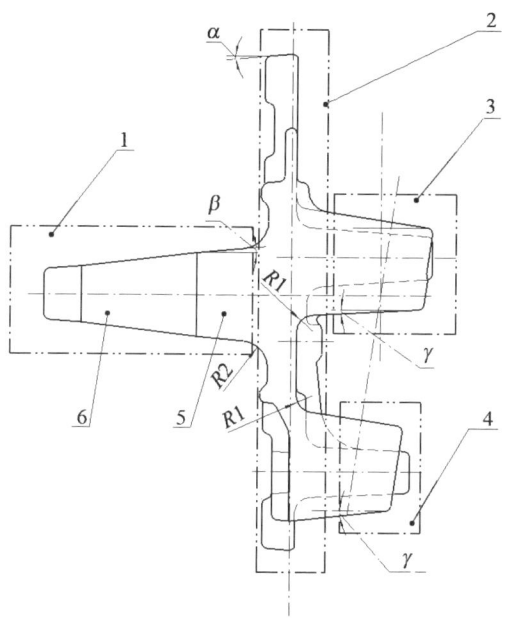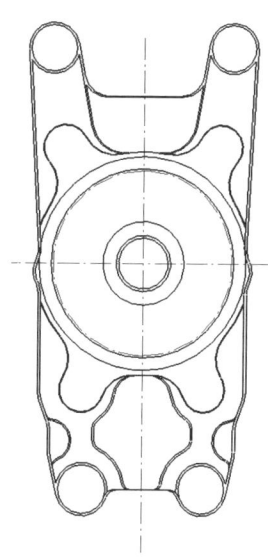

图 3-5 盘式转向节结构图

1—杆部；2—盘部；3—长耳；4—短耳；5—内轴颈；6—外轴颈

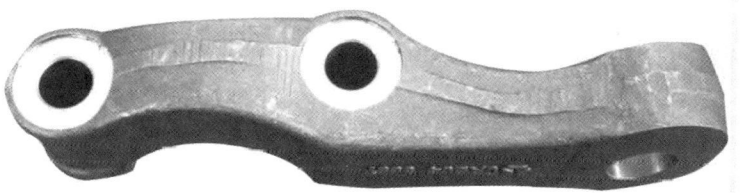

图 3-6 鼓式桥用横拉杆臂

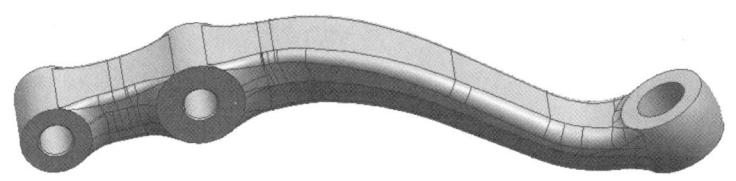

图 3-7 鼓式桥用直拉杆臂

图 3-8　盘式桥用横拉杆臂

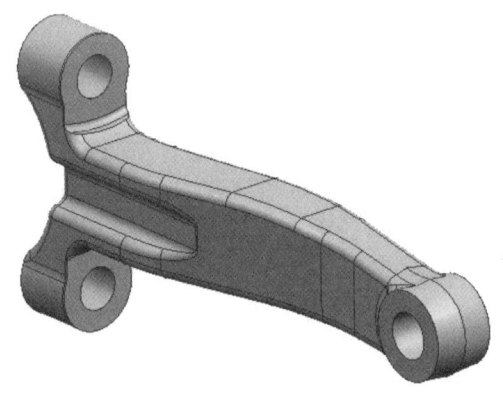

图 3-9　盘式桥用直拉杆臂（上臂或丁字臂）

3.2　转向节锻造工艺

根据转向节的结构特点，其主要工艺流程为：下料→加热→镦粗→预锻成型→终锻成型→切边→冷却→热处理→表面清理（见图 3-10）。

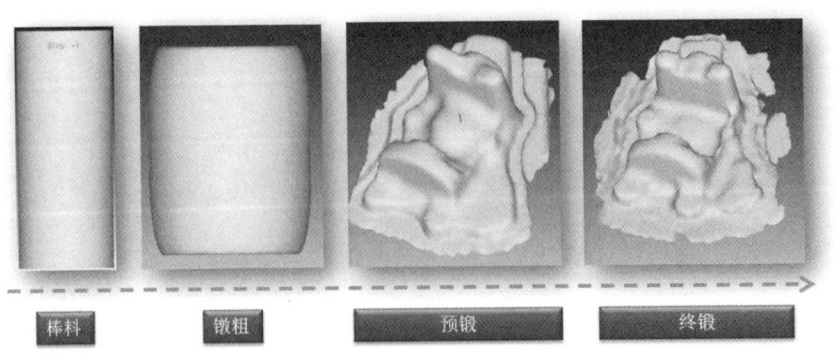

图 3-10　转向节锻造成型工艺

3.2.1 下料

加热和锻造之前,将原材料切成所需长度或所需几何尺寸的工序,称为下料。下料是锻造的第一道工序。常用的下料方法有锯切、剪切。

(1) **锯切** 锯切能切断横截面较大的坯料,特点是:生产率较低,锯口损耗大,下料精确,切口平整。金属可以在热态下或者冷态下锯切。锻造生产中大都用冷态锯切,只有轧钢厂才采用热态锯切。常用的下料锯床刀具有圆盘锯、带锯和直锯等。

(2) **剪切** 通过上下两刀片作用给坯料以一定压力 F,在坯料内产生弯曲和变形,当应力超过材料的剪切强度时发生断裂。特点是:生产率高、操作简便、断口无金属损耗、工具简单、端面质量较锯切下料方法差。剪切下料有如下缺点:坯料局部被压扁,断面不平整,剪断面常有毛刺和裂纹。按剪切时坯料温度分为冷剪切和热剪切,采用冷剪切或热剪切下料应根据坯料横断面尺寸大小和化学成分而定。常用的剪切下料方法可分为专用剪床下料、在其他设备上通过剪切模具下料。

3.2.2 加热、冷却及热处理

一、加热的目的及方法

在锻造生产中,金属坯料锻前加热的目的是:提高金属塑性,降低变形抗力,即增加金属的可锻性,从而使金属易于流动成型,并使锻件获得良好的锻后组织和力学性能。随着新材料和锻造新工艺的不断出现,对金属加热技术要求越来越高,锻前加热越来越成为锻造生产过程中的一个极其重要的环节。

金属坯料的加热方法,按所采用的热源不同,可分为火焰加热和电加热两大类。

1. 火焰加热

火焰加热是利用固体(煤、焦炭等)、液体(重油、柴油等)或气体(煤气、天然气等)燃料燃烧时所产生的热能对坯料进行加热。燃料在燃料炉内燃烧产生高温炉气(火焰),通过炉气对流、炉围(炉墙和炉顶)辐射和炉底热传导等方式,使金属坯料得到热量而被加热。在低温(650℃以下)炉中,金属加热主要依靠对流传热;在中温(650~1000℃)炉和高温(1000℃以上)炉中,金属加热则以辐射方式为主。在普通高温锻造炉中，辐射传热量可占到总传热量的90%以上。燃料加热炉的通用性强、投资少，建造比较容易，并且燃料可因地制宜，燃料费用比较低，所以广为采用。中小型锻件生产多采用以油、煤气、天然气或煤作为燃料的室式炉、连续炉或转底炉等来加热钢料。大型毛坯或钢锭则常采用以油、煤气和天然气作为燃料的车底室炉。燃料加热的缺点是劳动条件差，炉内气温、炉温及加热质量较难控制等。

2. 电加热

电加热是通过把电能转变为热能来加热金属坯料。利用电能转变为热能来加热金属的装置称为电炉。电加热的优点是：加热速度快，炉温控制准确，加热质量好，工件氧化少，劳动条件好，易于实现自动化操作等，主要用于精锻和有色金属锻造。电加热的缺点是：对毛坯的尺寸、形状的变化适应性不强，设备结构复杂，投资费用较大，操作使用要求高。电加热法按其传热方式可分为电阻加热和感应电加热两种。电阻加热其传热原理与火焰加热相同，根据电阻发热元件的不同，有电阻炉加热、接触电加热、盐浴炉加热等。

二、金属加热时产生的变化及预防

金属在加热过程中由于原子在晶格中相对位置的强烈变化，以及原子的振动速度和电子运动的自由行程的改变，还有周期介质的影响等原因，将产生以下的变化：

在组织结构方面，大多数金属不但发生组织转变，其晶粒还会长大，严重时会造成过热、过烧。

在力学性能方面，总的趋势是金属塑性提高，变形抗力降低，残余应力逐步消失；但也可能产生新的内应力，过大的内应力会引起金属开裂。

在物理性能方面，金属的导热系数、导温系数、膨胀系数、密度等均随温度的升高而变化。550℃以上时，金属还会发出不同颜色的光线，即有火色变化。

在化学变化方面，金属表层与炉气或其他周围介质发生氧化、脱碳、吸氢等化学反应，结果生成氧化皮与脱碳层等。

金属在加热过程中发生的各种变化直接影响金属的锻造性能和锻件质量，了解这些变化是制定加热规范的基础。

1. 氧化

金属在高温炉内加热时，金属表面的合金元素将和炉气中的氧化气体（如 O_2、CO_2、H_2O 和 SO_2）发生反应，使金属表层生成氧化皮，这种现象称为氧化或烧损。氧化过程实质是扩散过程,即炉气中氧以原子状态吸附到钢料表层后向内扩散,而钢料表层中的铁则以离子状态由内部向表面扩散,扩散的结果是钢的表层变成为氧化铁。由于氧化皮的熔融和氧化皮与铁的膨胀系数不同,因此在氧化物层内产生很大的内应力,会发生氧化皮的机械分离,从而加速金属的氧化。

(1) **氧化的影响因素** 主要有炉气性质、加热温度、加热时间、化学成分等。

① 炉气性质。火焰加热的炉气通常由氧化性气体(O_2、CO_2、H_2O、SO_2)、还原性气体(CO、H_2)和中性气体(N_2)组成。炉气的性质取决于燃料燃烧时的空气供给量。当供给空气过多时,炉气的性质为氧化性,那么氧化严重;相反,当供给空气不足时,炉气则呈现还原性,氧化皮很薄,甚至不产生氧化。

② 加热温度。温度增高,氧化扩散速度加快,氧化过程会加剧,结果形成的氧化皮也厚。一般,低于600℃氧化缓慢;超过900℃氧化急剧增加(见图3-11)。

③ 加热时间。加热时间越长,氧化皮越多。因此,采用快速加热如电加热,缩短加热时间,尤其是在高温下的停留时间,对减少氧化皮的产生具有很大的实际意义(见图3-12)。

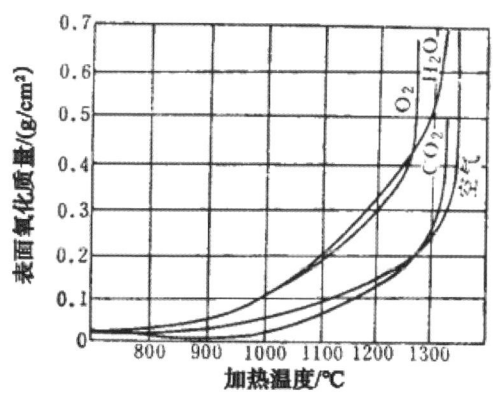
图 3-11 加热温度对氧化的影响

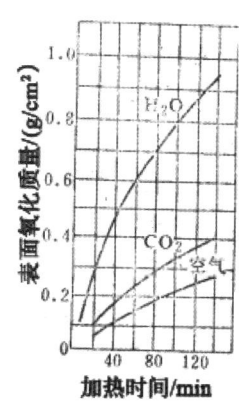
图 3-12 加热时间对氧化的影响

④ 化学成分(内因)。当钢中碳含量大于0.3%时,随着钢中碳含量的增多,生成的氧化皮将减少。这是因为碳含量高时,钢表面氧化过程中生成了CO,可削弱氧化性对钢表面的作用。还有一些金属元素,如Cr、Ni、Al、Mo等,它们在金属表面形成了牢固紧密的薄膜,膨胀系数和钢几乎一致,加热过程中不易脱落,阻止了氧向内部扩散,因此能防止钢表面继续氧化,薄膜起保护作用。特别是钢中含Cr及Ni的量为13%~20%时,几乎不产生氧化。

钢的相对表面积(表面积与质量之比)越大时,则氧化皮越多。

（2）氧化引起的危害

① 造成坯料烧损。在自由锻和模锻时，坯料每加热一次，便有 1.5%~3% 的金属被氧化烧损。

② 影响锻件表面质量。如氧化皮在成型时被压入锻件表面，将降低锻件的表面质量和尺寸精度。

③ 降低模具使用寿命。由于氧化皮质硬而脆，如模锻时掉入型槽内，必将加剧模具磨损。

④ 引起炉底腐蚀损坏。脱落在炉中的碱性氧化皮与酸性炉底会发生化学反应，由此导致炉底损坏。

（3）防止氧化的措施 减少和防止坯料在加热时氧化，对节约钢材消耗、提高锻件精度和延长模具寿命等都具有十分重要的意义；尤其在进行精密锻造时，坯料加热能否实现少无氧化是决定精锻工艺成败的关键。目前用于锻前加热过程防止和减少坯料产生氧化的方法有以下几种：

① 快速加热。该方法是通过提高加热速度，以减少坯料在加热时产生氧化。电加热法的感应加热、接触加热均属快速加热。火焰加热法采取高温装炉、提高炉温和加快炉气流速也能实现快速加热。

② 采用介质保护加热。该方法是采用各种保护介质，将坯料表面与氧化性炉气隔离进行加热，以防止坯料在加热时产生氧化。所用的保护介质有气态保护介质（如纯惰性气体、石油液化气等）、液态保护介质（如玻璃熔体、熔盐等）和固态保护介质（如玻璃粉、珐琅粉、金属镀膜等）。

③ 控制加热炉气性质。该方法是借助对火焰加热炉燃烧过程的控制，使坯料在处于还原性的炉气中进行加热，这样便可减少坯料在加热时产生氧化。这种方法具有炉子制造简单、加热成本较低、坯料适应性大等优点，但有升温速度慢、炉温控制难、炉中坯料可见度差等缺点，有待于进一步改善。

2. 脱碳

坯料在高温加热时，表层中的碳与炉气中的氧化性气体（如 O_2、CO_2、H_2O 等）及某些还原性气体（如 H_2）发生化学反应，生成甲烷或一氧化碳，造成钢料表层的碳含量减少，这种现象称为脱碳。化学反应式如下：

$$Fe_3C + H_2O \longrightarrow 3Fe + CO + H_2$$

$$Fe_3C + CO_2 \longrightarrow 3Fe + 2CO$$

$$2Fe_3C + O_2 \longrightarrow 6Fe + 2CO$$

$$Fe_3C + 2H_2 \longrightarrow 3Fe + CH_4$$

脱碳的组织特征：脱碳层由于碳被氧化，反映在金相组织上是表层渗碳体

（Fe_3C）的数量减少；反映到化学成分上是表层的碳含量比内部明显降低。

影响钢脱碳的因素与氧化类似。

（1）**炉气成分** 在炉气成分中，脱碳能力最强的是 H_2O（汽），其次是 CO_2、O_2，而 H_2 则较弱。

（2）**加热温度** 坯料在氧化性炉气中加热，既产生氧化，也引起脱碳。加热温度在 700~1000℃时，由于氧化皮阻碍碳的扩散，因此脱碳过程比氧化要慢。当加热温度超过 1000℃以后，脱碳的速度迅速加快，同时氧化皮也丧失保护作用，这时脱碳比氧化更为剧烈。

（3）**加热时间** 坯料加热时间越长，脱碳层厚度则越厚。但两者不成正比关系，当厚度达到一定值后，脱碳速度将逐渐减慢。

（4）**坯料化学成分** 钢中碳含量越高，脱碳倾向就越大。W、Al、Si、Co 等元素均促使脱碳增加，而 Cr、Mn 等元素则能阻止脱碳。

在加热时钢发生脱碳，会使锻件表面变软，强度和耐磨性降低。如脱碳层厚度小于机械加工余量，则对锻件没有什么危害；反之，就要影响锻件质量。因此，在精锻加热时应避免脱碳，一般用来减少氧化的措施同样也可用于防止脱碳。

3. 过热

金属加热温度过高、加热时间过长而引起晶粒粗大的现象称为"过热"（overheat）。晶粒开始急剧长大的温度叫过热温度。钢中元素如 C、Mn、S、P 等会增加其过热倾向，而 Ti、W、V、N 等元素可减小钢的过热倾向。一些钢的过热温度见表 3-1。

表 3-1 一些钢的过热温度

钢 种	过热温度 /℃	钢 种	过热温度 /℃
45	1300	18CrNiWA	1300
45Cr	1350	25MnTiB	1350
40MnB	1200	GCr15	1250
40CrNiMo	1250~1300	60Si2Mn	1300
42CrMo	1300	W18Cr4V	1300
25CrNiW	1350	W6Mo5Cr4V2	1250
30CrMnSiA	1250~1300		

碳钢过热，往往呈现出魏氏组织。马氏体钢过热，显微组织呈粗针状，并出现过多的 δ 铁素体。工模具钢过热后常出现萘状断口。一些合金结构钢、不锈钢、高速钢、弹簧钢、轴承钢等经高温加热并冷却后，除高温奥氏体晶粒粗大外，有异相质点优先沿奥氏体晶界析出，严重时呈连续网状，使晶界变脆。

若化合物沿晶界呈连续网状析出后,用热处理方法很难消除,这种过热称"稳定过热"。而单纯由于奥氏体晶粒粗大形成的过热,可以用一般热处理方法(正火、高温回火、扩散退火和快速升温、快速冷却)予以改善和消除,这种过热称为"不稳定过热"。

塑性变形可以击碎过热形成的粗大奥氏体晶粒,并破坏沿晶界析出相的网状分布,从而改善和消除稳定过热。对于没有相变重结晶的金属(高温合金及部分不锈钢、铝合金、铜合金等),则不能用热处理的办法消除过热组织,而要依靠较大变形量的锻造来解决。

过热会使金属在锻造时的塑性下降;更重要的是,若引起锻造和热处理后锻件的晶粒粗大,将降低金属的力学性能。为避免锻件产生过热组织,必须严格控制金属坯料的加热温度,尽量缩短金属在高温下的停留时间,并在锻造时给予足够大的变形量。

4. 过烧

当钢加热到接近熔化温度,并在此温度长时间停留时,不但奥氏体的晶粒粗大,同时由于氧化性气体渗入晶界,使晶间物质 Fe、C、S 发生氧化,形成易熔共晶体氧化物,这种现象称为过烧。产生过烧的温度称过烧温度(见表3-2),钢的过烧温度因钢种而不同。一般,钢中 Ni、Mo 等元素使钢容易产生过烧,Al、Cr、W 等元素则能减小钢的过烧。

表 3-2 钢的过烧温度

钢　种	过烧温度/℃	钢　种	过烧温度/℃
碳钢　1.5%C	1140	硅锰弹簧钢	1350
碳钢　1.1%C	1180	镍钢　3%Ni	1370
碳钢　0.8%C	1220	渗碳镍钢　5%Ni	1450
碳钢　0.7%C	1280	铬钒钢	1350
碳钢　0.5%C	1350	高速钢	1380
碳钢　0.2%C	1470	奥氏体铬镍钢	1420
碳钢　0.1%C	1490		

产生过烧的钢,由于晶间联结遭到破坏,大大降低了钢的强度,锻造一击便碎。所以,过烧是致命的加热缺陷。严重过烧的钢,只能报废回炉重新冶炼。局部过烧的钢,可将过烧部分切去,剩余部分还可使用。

5. 导温性变化

所谓导温性,就是指加热(或冷却)时温度在金属内部的传播能力。导温性好,温度传播的速度快,金属坯料内的瞬时温差就小,因温差造成的膨胀差和温度应力也小,从而可允许较快的加热速度,坯料不致因受温度应力而破坏。相反,若金属的导温性差而采用较快的加热速度,就可能因温度应力过大而导致坯料开裂。

6. 温度应力和裂纹

(1) **温度应力** 金属加热时,表面首先受热,其表层和中心之间存在的温度差引起不均匀膨胀。因为各层金属之间的相互制约,膨胀较大的表层金属将受到压应力作用,膨胀较小的心部金属受到拉应力作用。这种由于温度不均而产生的应力叫作温度应力。显然,坯料各部分的温差越大,温度应力也越大。而温差大小又与金属本身的导温性、坯料断面尺寸及加热速度等因素有关。

(2) **裂纹** 在金属加热过程中,当温度应力、组织应力的叠加值超过强度极限时,就要产生裂纹,从以上分析中可知,在坯料中生成裂纹危险最大的阶段是加热初期600℃之前的低温阶段。在此阶段金属塑性低,温度应力显著,极易产生裂纹。当加热断面尺寸大的大型钢锭和导温性差的高温合金时,由于温度应力大,要特别注意低温阶段必须缓慢加热。

三、锻造温度范围的确定

金属的锻造温度范围是指开始锻造温度(始锻温度)和结束锻造温度(终锻温度)之间的一段温度区间。

锻造温度范围的确定原则是:应能保证金属在锻造温度范围内具有较高的塑性和较小的变形抗力,并能使制出的锻件获得所希望的组织和性能。在此前提下,锻造温度范围应尽可能取得宽一些,以便减少锻造火次,降低消耗,提高生产效率并方便操作等。

确定锻造温度范围的基本方法是:运用合金相图、塑性图、抗力图及再结晶图等,从塑性、变形抗力和锻件的组织性能三个方面进行综合分析,确定出合理的锻造温度范围,并在生产实践中进行验证和修改。

四、锻件的冷却

锻件的冷却是指锻件从终锻温度出模冷却到室温。

1. 锻件的冷却方法

锻件的冷却按冷却速度分有三种,即空冷、坑冷、炉冷。

(1) **空冷** 终锻结束后锻件出模就放在静止的空气中冷却,冷却速度较快。对于有色金属(铝合金、镁合金、钛合金)锻件常用。

（2）**坑冷**　一般锻件，砂温度应不低于500℃。周围蓄砂厚度不能小于80mm。

（3）**炉冷**　入炉温度一般在600~650℃，出炉温度在100~150℃。这种方法冷却速度很慢，生产率低；主要用于中碳钢和低合金钢的大型锻件，以及高合金钢的重要锻件。

空冷冷却速度较快，坑冷次之，炉冷最慢。

制定锻件冷却规范的关键是冷却速度。正确的锻造工艺可以得到质量好的锻件，但如果锻后冷却不当，将使锻件变形、表面过硬，甚至由于冷却过快而开裂使锻件报废。一般来说，成分简单、尺寸小的坯料允许锻后冷却速度快；相反，合金化复杂的要缓慢冷却。

另外，碳含量高的（碳素工具钢、合金工具钢、轴承钢）应先空冷，后坑冷或炉冷。这是因为在锻后初期如果缓慢冷却，就会析出网状碳化物。

没有相变的钢，如奥氏体钢、铁素体钢，空冷；在空冷中容易产生马氏体相变的钢，如高速钢、不锈钢、高合金工具钢，为避免产生裂纹，需要缓慢冷却；对白点敏感的钢，炉冷；铝合金导热性好，可空冷或水冷。

2. 锻后冷却常见缺陷产生的原因和防止措施

（1）**裂纹**　冷却裂纹是由于锻件冷却过程中的内应力引起的，它由锻件表面向内部扩展。冷却时内应力产生的原因有温度应力、组织应力和残余应力。

（2）**白点**　银白色斑点，属脆性裂纹。白点多发生在珠光体类和马氏体类合金钢中，白点形成的原因是钢中氢气和组织应力共同作用。锻件的尺寸越大，冷却速度越快，越容易形成白点。

（3）**网状碳化物**　过共析钢和轴承钢如果终锻温度较高并在锻后缓冷，特别是在 $Ar_m \rightarrow Ar_1$ 区间缓冷时，由奥氏体中大量析出二次碳化物并扩散到晶界，于是便沿原奥氏体晶界形成碳化物网。当网状碳化物较多时，材料的冲击韧性下降，淬火时常引起龟裂。

这几种缺陷都与冷却速度有关，因此要确定合适的冷却速度防止这些缺陷的产生。

五、热处理常用设备

热处理设备是对工件进行退火、回火、淬火、加热等热处理工艺操作的设备。

1. 网带炉

网带炉（见图3-13）一般是由马弗保护的网带将零件实现炉内连续输送的烧结炉，主要用于粉末冶金制品烧结、金属粉末的还原及电子产品在保护气氛或空气中的预烧、烧成或热处理工艺。

整套设备由炉体、网带传动系统及温控系统三大部分组成。炉体由进料段、预烧段、烧结段、缓冷段、水冷段及出料段组成。网带传动系统由耐高温网带、传动装置等组成。网带的运行速度通过变频器调节,配置有数显式网带测速装置,可直读网带速度。温控系统由热电偶、数显式智能 PID(比例、调节、积分)调节器和可控硅组成,形成闭环控制系统,可实现自动精确控温。

图 3-13 带可控保护气氛热处理网带炉

加热元件采用 FEC(前向纠错)陶瓷加热板或陶瓷发热棒,温控系统采用日本进口多段智能程序温度控制仪控制,按要求可配置数据通信接口,变频无级调速、耐热钢网带传送、大包角张紧轮设计理念,确保了产品输送平稳。

2. 盐浴炉

盐浴炉(见图 3-14)是指用熔融盐液作为加热介质,将工件浸入盐液内加热的工业炉(能通过金属电极在盐液中加热)。根据炉子的工作温度,通常选用氯化钠、氯化钾、氯化钡、氰化钠、氰化钾、硝酸钠、硝酸钾等盐类作为加热介质。盐浴炉的加热速度快,温度均匀。

图 3-14 盐浴炉

工件始终处于盐液内加热,工件出炉时表面又附有一层盐膜,所以能防止工件表面氧化和脱碳。盐浴炉可用于碳钢、合金钢、工具钢、模具钢和铝合金等的淬火、退火、回火、氰化、时效等热处理加热,也可用于钢材精密锻造时少氧化加热。盐浴炉加热介质的蒸汽对人体有害，使用时必须通风。盐浴炉分内热式和外热式两大类。内热式盐浴炉又分为电极盐浴炉和电热元件盐浴炉两种。

电极盐浴炉：通过金属电极将低压（5.5~36V）大电流交流电引入炉内，电流流过盐液发热。盐液既是发热体，又是对工件加热的介质。盐液温度依盐液成分而不同，一般在 150~1300℃。磁场的作用能使盐液循环翻动，有利于盐液温度均匀，又能提高工件的加热速度。电极盐浴炉由电极、耐火炉衬、密封金属炉罐、绝热层和炉壳构成，由专用变压器供电。因固态盐不导电，开炉时先向起动电极送电，利用起动电极的电阻发热使一部分盐先熔化，然后接通主电极使电流通过熔盐发热工作。主电极有插入式和埋入式两种结构形式。

（1）插入式电极：电极从炉口插入炉内。这种电极结构简单，装卸方便。

（2）埋入式电极：电极埋在盐中，不接触空气，使用寿命较长。用这种电极的炉膛容积利用系数高，但电极拆卸较困难。

两种电极都可用碳钢或耐热钢锻造，也可铸造。

电热元件盐浴炉：它由管状电热元件、金属槽（锅）、搅拌器、隔热层和炉壳构成。通电后元件发热将盐熔化。这种炉多用硝盐，故又称硝盐炉。硝盐工作温度不超过 550℃。温度超过此限会加剧硝盐分解、发生事故，因此需要设置超温报警装置。如将硝盐改为苛性钠或苛性钾，则成为碱浴炉，这种炉子适用于钢的光亮淬火。

外热式盐浴炉：盐浴炉的金属炉罐（坩埚）放在炉膛内，用电或火焰进行加热，热效率较低，仅在小型盐浴炉上采用。

3. 自动推杆炉（见图 3-15）

推杆炉是指依靠推料机，将放在轨道上的炉料或料盘周期性地推入炉内或推出炉外的炉子。

工件在炉内进行加热时保持一定时间的相对静止状态；出炉淬火时，有的是料盘自动倾斜后将炉料倒入淬火介质中，有的是料盘与炉料一起进入淬火介质中冷却。

这类炉子对不同热处理工艺的适应性较强，因此便于组成生产线，广泛应用于淬火、正火、退火、回火和渗碳、渗氮、碳氮共渗等热处理工序。

这类炉子的主要缺点是料盘反复进炉加热和出炉冷却，造成较大能量损耗，即热效率较低，且料盘易损坏。另一缺点是对不同类型的工件实施不同技术要求时，常需要原有的工件全部推出后才能推入下一种工件，即其工艺适应性较差。

图 3-15 自动推杆炉

3.2.3 模锻

一、预锻结构设计原则

预锻件的设计原则是将镦粗制坯后的坯料进行预锻成型，使之成为与终锻件轮廓相似结构的制坯工件，并对于急剧变化及形状复杂部分进行局部简化和光滑处理；预锻主要目的就是对形状简单的制坯工件在终锻前进行的一次合理金属分配，使终锻成型顺利，得到合格的锻件；同时，预锻结构设计可减小终模锻成型力，降低终锻模膛负荷；减小摩擦磨损，提高终锻模使用寿命及保证锻件质量。

预锻模具设计时针对飞边槽进行了改进设计，图 3-16 为常规飞边槽结构型式（分桥部和仓部），图 3-17 为改进后的小飞边槽结构（全桥部）。全桥部增加了飞边桥部的宽度，随着飞边桥部宽高比 b/h 的增加，飞边金属体积减小，从而模锻成型力增大，有利于预锻成型。

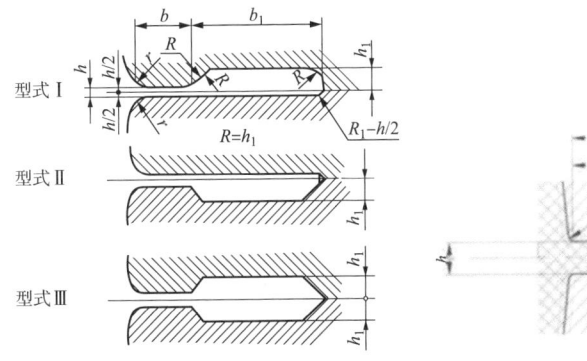

图 3-16 常规飞边槽结构型式

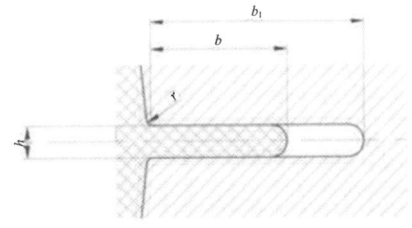

图 3-17 改进后的小飞边槽结构

二、转向节模锻成型过程解析

1. 第一阶段：压挤

坯料置于下模模膛中，上模由刚刚同坯料接触开始，至坯料上表面中部被压缩而中心部位金属反向流动形成一凸圆台为压挤（见图3-18）。

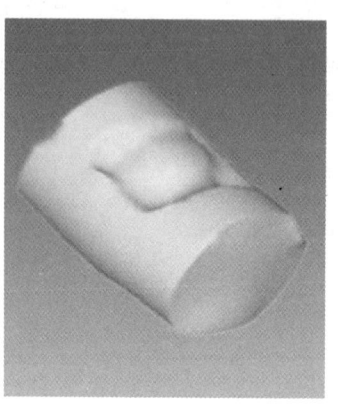

图3-18 压挤

2. 第二阶段：两叉耳反挤及开始形成飞边

上模继续下行，中部反向压挤终止，两叉耳开始反向流动成型，当反向流动阻力逐渐增大到反向流动的同时在工件沿长度两边开始形成飞边（见图3-19）。

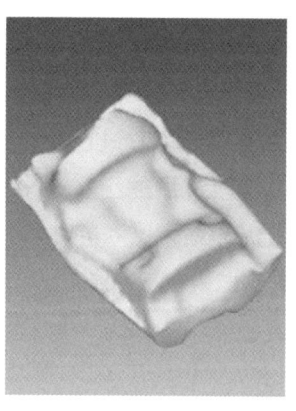

图3-19 两叉耳反挤及开始形成飞边

3. 第三阶段：开始形成杆部

上模继续下行，当工件两边形成飞边后，飞边的横向阻力促使两叉耳继续反向流动的同时，随着飞边的宽度增加，横向阻力增大，工件中部的金属开始正向挤压成型为杆部（见图3-20）。

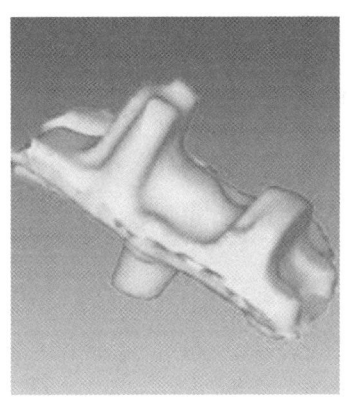

图 3-20　开始形成杆部

4. 第四阶段：预锻成型

上模继续下行，工件周围形成一圈平面薄飞边，随着飞边厚度的减薄和宽度的增加，温度降低而横向阻力迅速增大，杆部和两叉耳分别加速进行正向挤压和反向挤压成型至预定长度和高度，同时，法兰盘部以镦粗的方式成型为预定形状及尺寸，至此，整个预锻成型结束（见图3-21）。

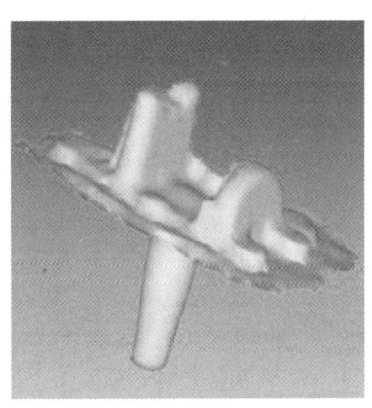

图 3-21　预锻成型

5. 第五阶段：小飞边终锻成型

终锻时采用小飞边槽结构，增加了飞边桥部的宽度、厚度，飞边迅速降温变冷，使飞边横向阻力急剧增大，促使金属沿纵向流动，从而得到轮廓充满的锻件（见图3-22）。

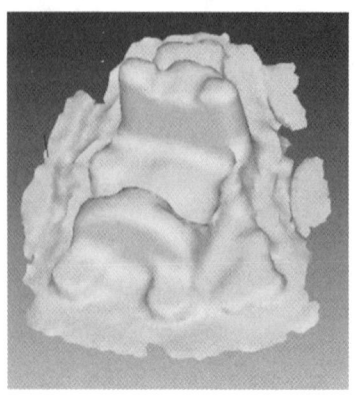

图 3-22 小飞边终锻形成

3.2.4 切边（冲孔）

切边和冲孔通常在切边压力机上进行。图 3-23 为切边和冲孔示意图。切边模和冲孔模主要由凸模（冲头）和凹模组成。切边时，锻件放在凹模洞口上，在凸模的推压下，锻件的毛边被凹模剪切，同锻件分离。由于凸凹模之间有间隙，在剪切过程中伴有弯曲、拉伸的现象。通常切边凸模只起传递压力的作用，推压锻件，而凹模的刃口起剪切作用；但有时凸模与凹模同时起剪切作用。冲孔时，情况相反，冲孔凹模只起支承锻件的作用，而冲孔凸模起剪切作用。

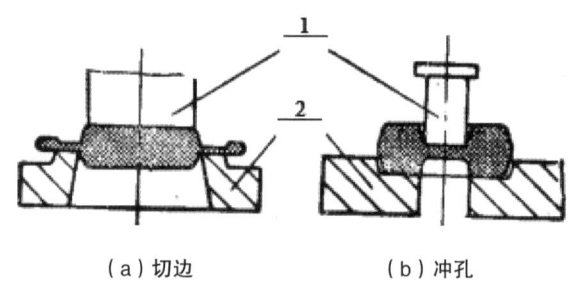

（a）切边　　　　　（b）冲孔

图 3-23 切边和冲孔示意图

1—凸模；2—凹模

切边模常采用 5CrNiMo 材质的模具钢制作，图 3-24 所示为转向节模具的切边模。由于转向节杆部较长，若将杆部朝下进行切边，锻件下落时易造成杆部弯曲变形。因此，采取了杆部朝上的切边方式，并合理地设计切边上模，避免了切边上模触及转向节杆顶部而造成法兰平面度超差，保证了转向节杆部的直线度以及转向节杆部轴线与法兰面的垂直度，满足了加工要求，同时也大幅度地减轻了切边上模的加工复杂程度，并可以取消校正工序。

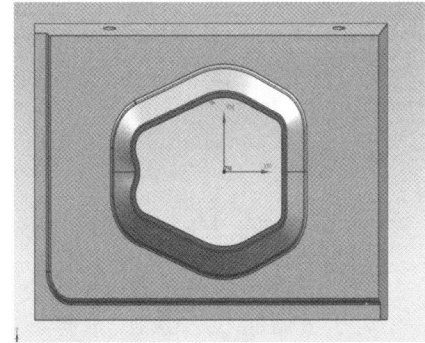 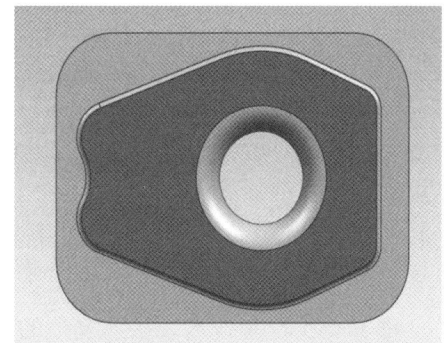

图 3-24 转向节模具的切边模

3.2.5 表面清理

1. 喷丸

喷丸以压缩空气为动力，喷丸的工作压力为 $(5～6)×10^5$Pa，将粒度为 1.5~2mm 的石英砂（对有色金属用 0.8~1.0mm 的石英砂）或粒度为 0.8~2mm 的钢丸，通过喷嘴喷射到锻件上，以打掉氧化皮。这种方法对各种结构形状和质量的锻件都适用。喷丸较干净，但生产率也较低，因此往往由高生产率的抛丸所代替。

2. 抛丸

抛丸是靠高速转动叶轮的离心力，将钢（铁）丸抛射到锻件上以除去氧化皮。抛丸用碳含量为 0.5%~0.7%、直径为 0.8~2mm 的钢丝切断制成，切断长度一般等于钢丝直径，淬火后硬度为 60~64HRC。对于有色合金锻件，则采用铁含量为 5% 的铝丸，粒度尺寸也为 0.8~2mm。抛丸清理生产率高，清理质量也较好；但噪声大，在锻件表面上可能打出印痕。

喷丸清理和抛丸清理在击落氧化皮的同时，使工件表面层产生加工强化。对于经过淬火或调质处理的锻件,或使用大粒度钢丸时,加工强化程度尤为显著,硬度可提高 30%~40%,硬化层厚度可达 0.3~0.5mm。

3.3 转向节机械加工

3.3.1 转向节的材料与毛坯制造

转向节的材料选取为 40CrMo,它是碳含量为 0.37%~0.45% 的合金结构钢,并经调质淬火处理,以提高强度及抗冲击能力,使其具有较高的综合机械性能。由于汽车在行驶过程中要经常转弯,故转向节在工作过程中要频繁地承受正反两个方向的冲击载荷。转向节毛坯一般采用锻造,锻造后的毛坯要求金属纤维的方向沿着轴颈轴线方向并与外形轮廓相适应,并且具有较高的抗拉、抗弯和抗扭强度,以提高零件的强度。

转向节分类:分体式主要用于乘用车(轿车),整体式主要用于商用车(货车);整体式又分为独立悬挂转向节和非独立悬挂转向节。从毛坯角度讲,整体式的锻造毛坯都属于比较有技术、系数复杂的产品;对于机械加工,非独立悬挂转向节的加工比较有典型意义。

转向节的加工分为毛坯制造和成品机械加工。目前,毛坯主要以锻件为主,也有采用铸造毛坯的,但比较少。毛坯的锻造工艺主要由劈叉拔杆、预锻、终锻等工序组成,一般的锻造手册都可以查阅到这种典型工艺,国内的毛坯厂家比较多。

在一汽的转向节毛坯中,毛坯采用模锻的方法制造。模锻的毛坯制造精度高,加工余量小,生产效率高;而且模锻后纤维组织方向沿轴颈轴线与外形轮廓相适应,有利于提高零件的强度。模锻后的转向节毛坯应该进行调质处理,以提高其强度和抗冲击能力。

3.3.2 转向节加工工艺分析

一、定位基准的选择

在工艺规程设计中,正确选择定位基准,对保证零件技术要求、合理安排加工顺序有着至关重要的影响。定位基准有精基准和粗基准之分。用毛坯上未经加工的表面做定位基准,这种定位基准为粗基准。用加工过的表面做定位基准,这种定位基准为精基准。在选择定位基准时要先根据零件的加工要求选择精基准，然后再考虑选用哪一组表面作为粗基准才能把精基准加工出来。

1. 粗基准的选择原则

（1）保证零件加工表面相对于不加工表面具有一定位置精度。

（2）合理分配加工余量。

（3）便于装夹。

（4）粗基准一般不得重复使用。

对于转向节的粗基准选择而言，以转向节支承轴颈的毛坯表面做粗基准来加工端面和中心孔，再以中心孔为基准来加工轴颈和端面，符合基准不重复使用的原则；所以，选择转向节支承轴颈的毛坯表面为粗基准。

2. 精基准的选择原则

（1）**基准重合原则** 应尽可能选择被加工表面的设计基准为精基准，这样可以避免由于基准不重合引起的定位误差。

（2）**统一基准原则** 应尽可能选择用同一组精基准加工工件上尽可能多的加工表面，以保证各加工表面之间的相对位置关系。

（3）**互为基准原则** 当工件上两个加工表面之间的位置精度要求比较高时，可以采用两个加工表面互为基准反复加工的方法。

（4）**自为基准原则** 一些表面的精加工工序，要求加工余量小而均匀，常以加工表面自身为精基准。

在加工过程中，是以转向节支承轴颈的毛坯表面做粗基准来加工中心孔和端面的，并且是以中心孔为统一的基准来进行其他表面的加工。因此，可以选择中心孔作为统一的基准，即可以作为精基准。

3. 转向节加工方案的选择

转向节形状比较复杂，加工过程中不易定位，同时其尺寸精度、形状精度以及表面粗糙度要求都很高，因此给机械加工带来很多困难。定位基准的选择对保证精度要求和技术要求都是很重要的。

由于转向节轴颈轴线和主销孔轴线及两轴线交点是零件的设计基准，在加工过程中应以轴颈轴线和支承轴颈及主销孔作为定位基准。

常用的工艺方案有两种：一是以支承轴颈毛坯表面、耳部及法兰面为粗基准，铣端面后打中心孔；以中心孔为精基准加工支承轴颈及端面、端头螺纹，再以精加工的支承轴颈表面、耳部作为基准加工主销孔；其他部位的加工均以精加工后的支承轴颈和主销孔作为定位基准。此方案定位基准的选择符合"基准重合""基准统一"和"互为基准"的原则。二是以上下耳部侧面、支承轴颈毛坯表面和法兰面为粗基准加工上下耳部内外面端面，以两耳部侧面、小支承轴颈毛坯表面及加工过的上耳内端面为基准加工主销孔；然后以精加工后的主销孔、上耳外端面及小支承轴颈毛坯表面为基准加工支承轴颈中心孔，再以中心孔为精基准加工各轴颈外圆及端面、法兰面和端头螺纹等。其他各部位的加工也均以精加工后的支承轴颈和主销孔作为定位基准。

二、主要表面加工方法的选定

分析转向节零件表面，主要是支承轴颈部分由外圆表面组成，法兰盘部分由平面组成，叉架部分由平面及内圆表面组成。对于支承轴颈部分的加工主要使用外圆表面加工设备，由于支承轴颈部分毛坯余量较大，粗车时采用液压仿形车床进行车削，半精车时采用数控车床车削，精加工时采用高精度车床车削或磨床磨削。叉架部分中的主销孔的加工，先是钻孔、扩孔，然后进行镗孔，压入衬套再进行推挤，完成主销孔的加工。平面的加工均以铣削方式进行。

从机加工艺来讲，转向节分为杆部、法兰盘和叉部等3个部分加工。

（1）杆部加工以中心孔定位，车和磨为主，加工关键是磨削。

（2）法兰盘加工主要是制动器安装孔的加工，要保证其位置度，同时要兼顾加工效率。并且利用其中1孔作为叉部加工定位用。

（3）叉部加工是转向节加工的难点，采用两销一面定位，其加工主要是保证主销孔的同轴度，以及主销孔与内端面的垂直度，是整个加工工艺的投资重点和设备选型的关键。大部分转向节在此部位还有横拉杆装配用的锥孔，这更增加了叉部加工难度。锥孔加工是许多厂家难以100%合格的项目，应予重视；否则，转向节的早期失效就从这里开始。

（4）杆部的强化处理，见下面"3.3.3（4）"。

（5）主销孔压装衬套后的加工，见下面"3.3.3（5）"。

3.3.3 转向节机械加工工序

转向节是汽车底盘系统中的重要安全件，具有承载制动力矩、转向力矩及支撑车身质量等重要功能。由于连接有汽车减振器、制动钳、转向拉杆等多个空间部件，其加工部位相应具有空间方位多、孔系间位置度要求严的特点。常用转向节毛坯为铸造或锻造状态，为适应其结构特征，多采用工艺分散的加工方法，使用卧式、立式加工中心设备，多工序夹具，标准刀具来进行批量加工。

转向节分为杆部、法兰盘和耳部三个主要部分。该三个部分主要加工方式如下：

(1) 杆部加工前先铣端面、打中心孔，然后以中心孔定位，通过粗车→半精车→精车（或磨）等工序的加工，得到符合图纸要求的杆部。关键加工工序是精车（或磨）。

(2) 法兰盘加工主要是制动器安装孔、限位螺栓孔和 ABS 孔的加工。这些孔一般采用 U 钻或者合金钻头进行加工，加工后要保证其孔径尺寸和位置度要求。并且，制动器安装孔或者 ABS 孔会用于后续加工叉部的定位。

(3) 耳部加工是转向节加工的难点，主要加工内容有主销孔和叉耳内外侧。加工时一般采用内轴径、制动器安装面和制动器安装孔（或 ABS 孔）进行定位。主销孔加工一般采用钻底孔→初镗→精镗的方式进行加工；叉耳内外侧一般采用粗铣→半精铣→精铣的加工方式进行加工。加工后需要保证主销孔的孔径尺寸、上下耳主销孔的同轴度、主销孔中心和轴颈中心虚拟交点至制动器安装面的中心高等尺寸；叉耳内外侧加工后需要保证内侧开档宽度尺寸、内端面相对于主销孔的垂直度和内端面跳动等。该部分是整个加工工艺的重点工序，一般在卧式加工中心和专机上加工完成。部分转向节在此部位还有横拉杆装配用的锥孔，锥孔结构的加工难度和检验难度更大。

(4) 杆部的强化处理是为了提高转向节的疲劳寿命，对大多数类型的转向节都有这方面的技术要求，一般采用滚压或中频淬火，滚压工序用以消除表面残余压应力，提高产品疲劳强度；中频淬火用以提高表面硬度，提高产品耐磨性和使用寿命。国内加工对滚压要求不高，难点在中频淬火，主要是感应器的设计和制造；不过，在这方面国内已有专业厂家能够解决。

(5) 主销孔压装衬套后，有的不要求加工，有的压装后要求加工。从装配角度讲，加工后的孔径尺寸一致性更好，更有利于装配，否则可能会影响转向的灵活性。衬套内孔的加工一般采用挤削、铰削或镗削。

转向节机加工的基本工序（见图 3-25~图 3-49）：①铣两耳四平面→②钻、镗主销孔→③拉主销孔→④铣杆部以及凹窝→⑤铣两耳外侧面→⑥钻中心孔→⑦粗车轴颈及大盘面→⑧半精车轴颈及大盘面→⑨铣基准面→⑩粗磨端面、轴颈→⑪钻螺纹孔→⑫攻螺纹→⑬中频淬火→⑭半精磨端面轴颈→⑮钻铰摇臂孔→⑯拉键槽→⑰铣两耳内侧面→⑱压挤衬套→⑲精磨端面轴颈→⑳滚挤螺纹→㉑轴端螺纹→㉒铣扁→㉓精车杆部→㉔探伤→㉕去毛刺→㉖入库。

(a)

(b)

图 3-25　铣两耳四平面

图 3-26　钻、镗主销孔

图 3-27　拉主销孔

图 3-28　铣杆部以及凹窝

图 3-29　铣两耳外侧面

图 3-30　钻中心孔

图 3-31　粗车轴颈及大盘面

图 3-32　半精车轴颈及大盘面

图 3-33　铣基准面

图 3-34　粗磨端面、轴颈

图 3-35　钻螺纹孔

图 3-36　攻螺纹

图 3-37　中频淬火

图 3-38　半精磨端面轴颈

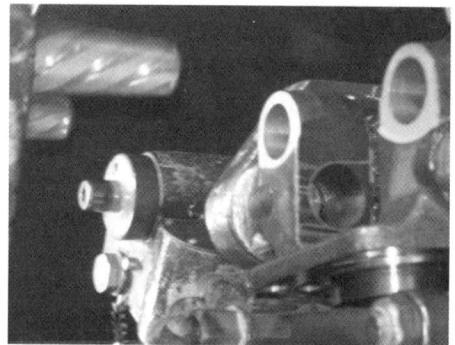

图 3-39　钻铰摇臂孔

图 3-40　铣两耳内侧面

图 3-41　压挤衬套

图 3-42 精磨端面轴颈

图 3-43 滚挤螺纹

图 3-44 轴端螺纹

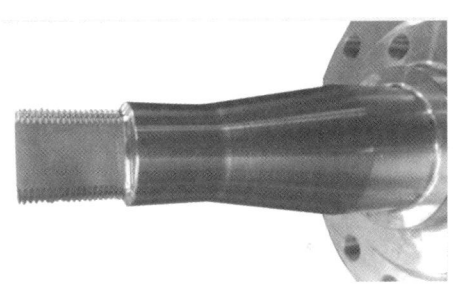
图 3-45 铣扁

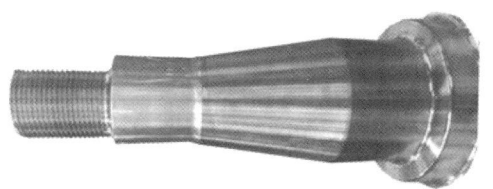
图 3-46 精车杆部

图 3-47 探伤

图 3-48 去毛刺

图 3-49 入库

3.3.4 转向节切削工具

金属切削加工是应用极其广泛的一种机械加工方法,任何一种机械产品,凡是形状、尺寸、精度和表面粗糙度有较高要求的零件,都需要经过切削加工而得。要高质量、高效率地进行切削加工,就必须使用性能优良的、先进的、各式各样的金属切削刀具来完成。刀具对于提高劳动生产率、保证加工精度与表面质量、改进生产技术、降低加工成本都有直接的影响。

一、刀具的分类

从功用上,刀具可以分为以下几类:

(1)**切刀类** 包括普通切刀(如车刀、插刀等)、成型切刀等。

(2)**孔加工刀具类** 如钻头、扩孔钻、镗刀、复合孔加工刀具等。

(3)**铣刀类** 按用途分,有圆柱(平面)铣刀、立铣刀、端铣刀、键槽铣刀、角度铣刀、成型铣刀等;若按齿背形式分,则有尖齿铣刀和铲齿铣刀。

(4)**拉刀类** 如圆孔拉刀、键槽拉刀、花键拉刀、平面拉刀等。

(5)**螺纹刀具类** 如螺纹车刀、螺纹梳刀、丝锥、板牙、螺纹铣刀、自动开合板牙头等。

(6)**齿轮刀具类** 如成型齿轮铣刀、齿轮滚刀、插齿刀、蜗轮刀具、剃齿刀、花键滚刀、锥齿轮刀具等。

(7)**自动线和数控机床刀具**

(8)**磨具类** 如砂轮、磨头、砂瓦、油石等。

除上述的分类外,若从其他角度考虑,又可有不同的分类。例如,若按刀具材料分,则有高速钢刀具、硬质合金刀具和金刚石刀具等;若按刀具结构分,则有整体刀具、镶片刀具和复合刀具等。

二、刀具应满足的基本要求

（1）保证加工工件所要求的形状、尺寸、精度和表面质量。

（2）加工生产率高，使用的经济效果好。

（3）具有足够的强度、刚度和韧性。

（4）具有足够的常温硬度、高温硬度、耐磨性，切削性能优良，耐用度高。

（5）结构合理，工艺性好，便于制造，成本低。

三、刀具材料的种类

1. 碳素工具钢

碳素工具钢是指碳含量为 0.65%~1.35% 的优质高碳钢，钢号用平均碳含量的千分数表示，如 T12 表示碳含量 12‰。碳素工具钢耐热性较差，现在已经很少使用。

2. 合金工具钢

合金工具钢是指在高碳钢中（碳含量为 0.9%~1.1%）加入少量合金元素（Cr、W、Si、Mn、V 等）形成的低合金钢种。高碳能保证高硬度和高耐磨性。加入合金元素 Cr、Si、Mn 可以提高钢的强度。W、V 能形成高硬度碳化物，可以提高钢的硬度、耐磨性和热硬性。常用合金工具钢有 9Mn2V、9SiCr 等，耐热温度为 300~400℃，只用于一些手用和切削速度较低的刀具，如锉刀、刮刀、锯条等。

3. 高速工具钢

高速工具钢（简称高速钢）是在高碳钢中加入了大量的 W、Mo、Cr、V 等合金元素。Fe、Cr 和一部分 W 可与碳形成高硬度的碳化物，碳化物数量越多，微粒越细，钢的硬度越高，耐磨性越好。Mo 也能形成高硬度碳化物，并能减少碳化物的不均匀性，细化碳化物颗粒。V 能提高钢的耐磨性，但是降低了刀具的可磨削性。总体上，高速钢耐热温度为 600~650℃，强度和韧性较好，刃磨后切削刃锋利，可用于制造各种复杂刀具，在麻花钻、丝锥、拉刀、齿轮刀具和成型刀具制造中，仍占有重要地位。

4. 硬质合金

硬质合金是用一些极其细小难熔的高硬度金属碳化物（WC、TiC）的粉末，用 Co、Mo、Ni 等做黏结剂，在高温高压下烧结而成的。由于它的金属碳化物数量多、硬度大，因此刀具硬度很高，达到 75~80HRC，耐磨性好，耐热温度可达 800~1000℃。切削速度比高速钢高 4~7 倍，切削效率高。缺点是抗弯强度及承受冲击和抗振能力低、韧性差。

5. 立方氮化硼

立方氮化硼（CBN）[聚晶立方氮化硼（PCBN）]是由六方氮化硼在高温高压条件下加入催化剂转变而成的。立方氮化硼的硬度可达 8000~9000HV，仅次于金刚石。其耐热温度高达 1400~1500℃，热稳定性好，耐磨性好，不易粘刀，导热性好且切削时刀屑间摩擦系数低。另外，立方氮化硼的化学惰性很大，与铁族类金属直至 1200~1300℃时也不易起化学作用，所以它是高速切削黑色金属较理想的刀具材料，可用于加工淬硬钢、冷激铸铁、一些高温合金等。

四、转向节切削常见方法及其特点

1. 铣削

铣削是以铣刀（见图 3-50）的旋转运动为主运动，以工件做进给运动的一种切削加工方法。它的特点如下：

（a）

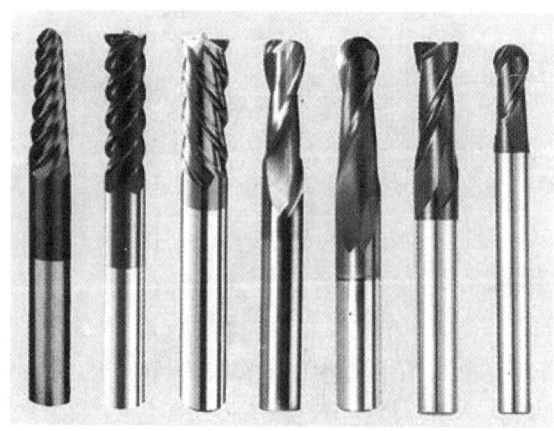

（b）

图 3-50 常用铣削刀具

(1)采用多刃刀具加工,刀刃轮替切削,刀具冷却效果好,耐用度高。

(2)铣削加工生产效率高、加工范围广,在普通铣床上使用各种不同的铣刀可以完成加工平面(平行面、垂直面、斜面)、台阶、沟槽(直角沟槽、V形槽、T形槽、燕尾槽等特形槽)、特形面等加工任务。加上分度头等铣床附件的配合运用,还可以完成花键轴、螺旋轴、齿式离合器等工件加工。

(3)铣削加工具有较高的加工精度,其经济加工精度一般为IT9~IT7,表面粗糙度 Ra 值一般为 12.5~1.6 μm。精细铣削精度可达 IT5,表面粗糙度 Ra 值可达到 0.20 μm。

2. 钻孔、镗孔

用钻头(见图 3-51)在工件实体部位加工孔称为钻孔。钻孔属粗加工,可达到的尺寸公差等级为 IT13~IT11,表面粗糙度 Ra 值为 50~12.5 μm。由于麻花钻长度较长,钻芯直径小而刚度差,又有横刃的影响,故钻孔有以下工艺特点:

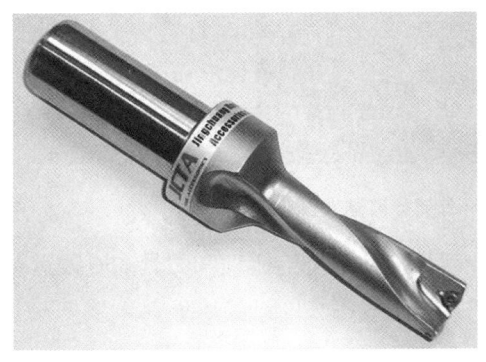

图 3-51 常用钻孔类刀具

(1)**钻头容易偏斜** 由于横刃的影响定心不准,切入时钻头容易引偏;且钻头的刚度和导向作用较差,切削时钻头容易弯曲。在钻床上钻孔时,容易引起孔的轴线偏移和不直,但孔径无显著变化;在车床上钻孔时,容易引起孔径的变化,但孔的轴线仍然是直的。

(2)**孔径容易扩大** 钻削时钻头两切削刃径向力不等将引起孔径扩大,卧式车床钻孔时的切入引偏也是孔径扩大的重要原因;此外,钻头的径向跳动等也是造成孔径扩大的原因。

(3)**孔的表面质量较差** 钻削切屑较宽,在孔内被迫卷为螺旋状,流出时与孔壁发生摩擦而刮伤已加工表面。

(4)**钻削时轴向力大** 这主要是由钻头的横刃引起的。钻孔时 50% 的轴向力和 15% 的扭矩是由横刃产生的。因此,当钻孔直径 $d>30$mm 时,一般分两次进行钻削。第一次钻出（0.5~0.7）d，第二次钻到所需的孔径。由于横刃第二次不参加切削，故可采用较大的进给量，使孔的表面质量和生产率均得到提高。

3. 车削

车削加工是在车床上利用工件相对于刀具（见图3-52）旋转对工件进行切削加工的方法。车削加工的切削能主要由工件而不是刀具提供。车削是最基本、最常见的切削加工方法，在生产中占有十分重要的地位。车削适于加工回转表面，大部分具有回转表面的工件都可以用车削方法加工。

图3-52 常用车削类刀具

车削加工的工作原理就是在车床上，利用工件的旋转运动和刀具的直线运动或曲线运动来改变毛坯的形状和尺寸，把它加工成符合图纸的要求。

车削加工的工作特点如下：

（1）车削适合于加工各种内、外回转表面。车削的加工精度范围为IT13~IT6，表面粗糙度 Ra 值为 12.5~1.6 μm。

（2）车刀结构简单，制造容易，便于根据加工要求对刀具材料、几何角度进行合理选择。车刀刃磨及装拆也较方便。

（3）车削对工件的结构、材料、生产批量等有较强的适应性，应用广泛，除可车削各种钢材、铸铁、有色金属外，还可以车削玻璃钢、夹布胶木、尼龙等非金属。对于一些不适合磨削的有色金属采用金刚石车刀进行精细车削，能获得很高的加工精度和很小的表面粗糙度值。

（4）除毛坯表面余量不均匀外，绝大多数车削为等切削横截面的连续切削，因此，切削力变化小，切削过程平稳，有利于高速切削和强力切削，生产效率高。

3.4 涂装及装配

3.4.1 油漆工艺概述

1. 金属零部件上油漆的主要作用

（1）**防腐**　汽车在使用过程中会处于不同的天气环境中，表面油漆能够有效防止表面锈蚀，提高汽车使用寿命。

（2）**美观**　为满足不同客户的个性化的颜色要求，需要喷涂不同的油漆以达到美观的效果。

2. 油漆分类

油漆一般由成膜物质（树脂）、颜料（包括体质颜料）、溶剂和助剂四种基本成分组成。油漆有多种分类方法，这些方法各具特点，但无论哪一种分类都不能包含所有涂料，现在世界上还没有统一的分类方法。常用的分类方法如下：

按成膜物质的不同可分为醇酸漆、环氧漆、氯化橡胶漆、丙烯酸漆、聚氨酯漆等。

按油漆形态的不同可分为粉末涂料、液体涂料。

按干燥方式的不同可分为常温干燥油漆、加热固化油漆。

按使用层次的不同可分为底漆、中涂漆、面漆等。

3. 油漆工艺介绍

现有常用油漆工艺有喷涂、浸涂等。

（1）**喷涂**　喷涂是指使用喷枪将雾化的油漆气流附着到工件表面的喷涂方式。喷涂可分为空气喷涂、高压无气喷涂、静电喷涂等。

空气喷涂主要是利用压缩空气，经过喷漆形成雾化的油漆，使油漆漆雾随气流附着在工件表面，使用方便，对员工的技能水平要求较高，漆膜一致性、均匀性较差，广泛应用于对产品外观要求不高的零件表面。

高压无气喷涂是利用高压柱塞泵，直接将油漆加压，形成高压的油漆，喷出枪口形成雾化的气流作用于工件表面的一种喷涂方式。相比空气喷涂，油漆利用率高，能耗较高，漆雾扇面不便于调节，主要应用于较大表面的喷涂。

静电喷涂是利用高压静电电场使带负电荷的涂料微粒沿着电场相反的方向定向运动，并将涂料微粒吸附在工件表面的一种喷涂方式。此方法涂料利用率高，但涂料及产品需能导电，涂层的均匀程度受工件大小及外形影响较大。

（2）**浸涂**　浸涂是指将被涂工件全部浸没在盛有涂料的槽中，经过很短时间再从槽中取出，并让多余的漆液回流到槽内的一种方法。浸涂可分为自泳漆及电泳漆两类。

喷涂、浸涂都有其不同的使用优势，实际生产中需要针对具体的产品结构外形选择合适的工艺。

3.4.2 转向节底漆工艺

转向节是处于汽车底盘转向系统的零部件，因此其底漆作用主要是防腐，需要选择具有优越防腐性能的油漆及油漆工艺。在选用油漆时还需兼顾与客户面漆的配套性。现在常用的油漆为环氧树脂底漆，常用颜色为黑色和红色。

产品底漆整体工艺流程主要工序为：脱脂→清洗→钝化→清洗→烘干→喷漆→烘干。

1. 漆前处理

转向节涂底漆前首先要把其表面所附着的油脂、氧化皮、灰尘等异物除掉，否则会阻碍涂层与基体金属的附着力，造成涂层起泡、龟裂、剥落等。为增加金属表面与涂料层间的结合力，提高涂层的质量，延长涂层的使用寿命，在涂漆前还需进行金属表面钝化，在金属表面生成一层钝化膜，为涂层提供一个良好的基底，这就是涂漆前表面处理的目的。

传统表面钝化使用三元磷化工艺，能够有效提高底漆附着力及耐腐蚀性能。但是磷化工艺含有禁止排放的镍、铬等重金属元素，不环保且磷化工艺产生的大量磷化渣处理很困难，因此，更多采用新一代环保型涂装钝化工艺（氧化锆处理和硅烷处理技术）逐渐替代传统的磷化工艺，新工艺的优点是：能彻底杜绝P、Mn、Ni、NO_2等有害物质；镀膜厚度可以达到纳米级；资源利用率很高，可以达到少渣或无渣；可以在室温下进行，节约加热消耗的能源。

2. 喷漆

转向节底漆通常采用空气喷漆，由于其后续杆部及前轴遮挡区很多表面都需要加工，后加工时毛坯底漆不仅会产生大量油漆盐雾，不利于操作者健康；而且油漆烟雾也会损伤设备精度。因此喷漆过程中一般对后续加工的区域不喷或者少喷，既节约油漆使用量，又能提高生产效率。

喷漆工艺单次上漆厚度约35μm，为了满足油漆防腐蚀性能，对耐盐雾性能要求高的产品进行连续两次喷漆，即第一次喷漆之后经过5min左右的流平时间，使溶剂挥发一部分之后再进行第二次喷漆，俗称"湿碰湿"。

喷漆过程中为达到均匀的漆膜厚度，减少、避免漆膜外观缺陷，一般采用如下方法：

（1）控制喷枪到产品之间的距离在200~300mm。

（2）控制扇形面搭接区域在1/4~1/3。

（3）控制喷涂速度在30~50cm/s。

（4）控制喷漆的压力在0.35~0.6MPa。

空气喷涂虽然有便于使用等很多优势，但是由于环保的因素及成本的压力，静电喷涂应用越来越广泛，静电喷涂工艺能够极大地提高油漆利用率，降低生产成本。静电喷涂原理如图3-53所示。

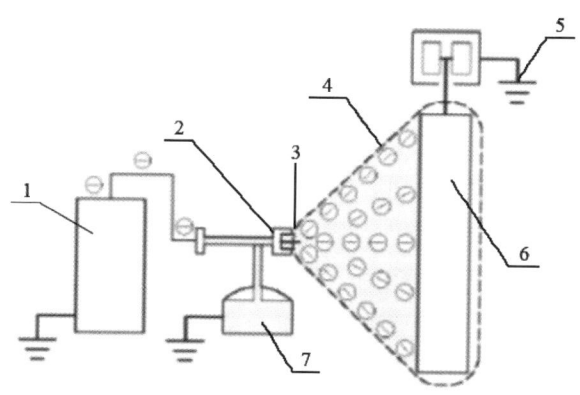

图3-53 静电喷涂原理

1—高压电源；2—雾化器（喷具）；3—放电针；
4—带电的涂料粒子；5—接地；6—被涂物；7—油漆

机器人旋杯加电喷涂时，静电效应会造成雾化器表面积漆，影响涂层质量，增加清洗时间，影响节拍。采用不带电喷涂的方式（即不利用静电效应），可以减轻雾化器表面的积漆问题，缩短清洗时间，也能避免出现流挂、少漆等质量问题，但上漆率有所降低。

在喷漆室方面，以干式漆雾捕集装置替代湿式漆雾捕集装置，喷漆室加装排风循环再利用系统，精心设计控制供排风量和湿度；选用节能型配套件等，解决水洗式漆雾捕集装置耗水、耗化学药品，使漆雾成为危险物等不足，以适应节能减排，降低喷漆室的运行成本。另外，现今汽车车身用的大型喷漆室一般都是一次性供/排风，不循环再利用或少量（20%左右）循环利用，因而在夏季（冷却）、冬季（加热升温）耗能很大；加入循环再利用系统，可以提高初始温度的适应性，降低涂装成本10%左右；同时还可以减少喷漆室的供、排风量，在循环风空调器中采用热泵技术等技术实现节能减排。

3.4.3 转向节装配及安装位置

机械产品的质量要求必须由正确的设计、零件的制造精度、材质和处理的质量，以及装配精度等来保证。一台机器总是从设计开始，经过零件的加工最后装配而成的。机械产品的装配是整个机械产品制造过程中的最后一个阶段，包括装配、调试、精度及性能检验、试车等工作。产品的装配质量在很大程度上决定着机器的最终质量，对于产品的使用性能和使用寿命影响很大。如果装配不当，即使所有加工的零件都合格，也难以获得符合质量要求的机械产品。

另外，通过机器的装配过程可以发现机器设计和零件加工质量等所存在的问题，并加以改进，以保证机器的质量；研究装配工艺过程和装配精度，采用有效的装配方法，制定出合理的装配工艺规程，对保证产品的质量有着十分重要的意义，对提高产品设计的质量有很大的影响。

同时，由于装配所花费的劳动量很大、占用的时间很多，所以，对于机械产品生产任务的完成、工厂的劳动生产率、机械产品的成本和资金周转都有直接影响。特别是近年来，在毛坯制造和机械加工等方面实现了高度的机械化与自动化，机械产品成本不断降低，使得装配工作在整个机械产品制造中所占劳动量的比重和占机械产品成本的比重越来越大，其影响就更加突出。

根据规定的装配精度要求，将零件结合成组件和部件，并进一步将零件、组件和部件结合成机器的过程称为装配。将零件与零件的组合过程称为组装，其成品为组件；将零件与组件的组合过程称为部装，其成品为部件；而将零件、组件和部件的组合过程称为总装，其成品为机器或产品。

生产类型是决定装配工艺特征的重要因素。生产类型不同，装配方法、工艺过程、所用设备及工艺装备、生产组织形式等也不同。

对装配工艺的基本要求是：装配质量符合规定的技术要求、生产周期短、劳动生产率高、成本低、装配劳动量小、装配操作方便。装配不只是将合格零件、部件和总成等简单地连接起来，还是根据一定的技术要求，通过清洗、连接、校正、调整、平衡、配作以及检验等一系列工艺来保证产品质量的一个复杂工艺过程。

转向节与臂的连接：在左转向节的长耳（上耳）处安装转向直拉杆臂；转向节的短耳（下耳）处安装与转向横拉杆相连的转向梯形臂（转向节臂）（见图3-54~图3-59）。

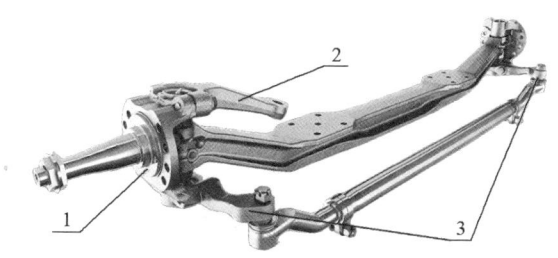

图 3-54 转向节装配示意图

1—转向节；2—转向臂；3—左、右转向拉杆臂

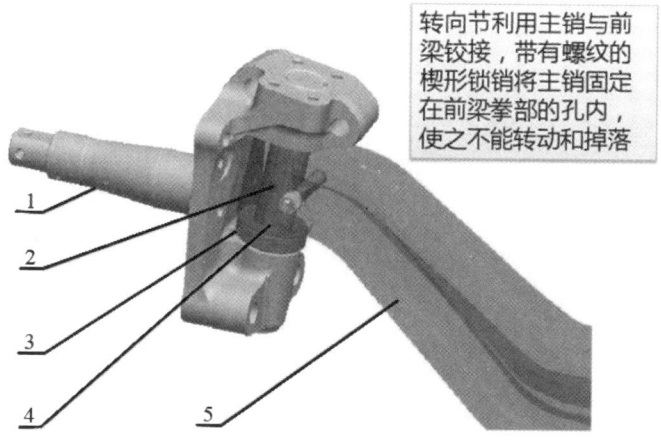

图 3-55 转向节、主销与前轴的装配关系

1—转向节；2—转向节主销；3—平面轴承（止推轴承）；4—锁销及螺母；5—前轴

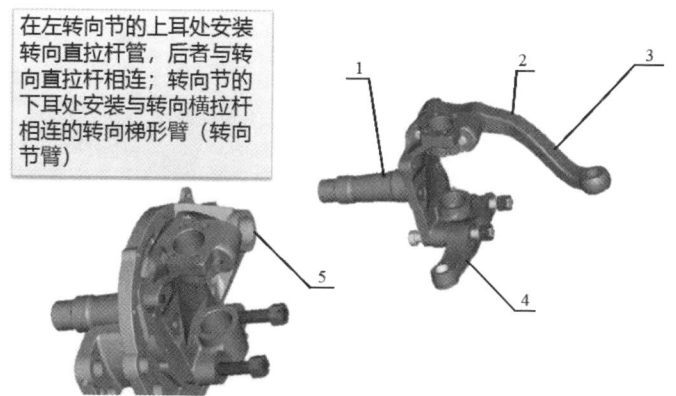

图 3-56 转向节、直拉杆臂、左转向节臂、制动底板的装配关系

1—转向节；2—双头螺栓及开槽螺母；3—直拉杆臂（上臂）；4—转向节臂（梯形臂）；5—制动底板

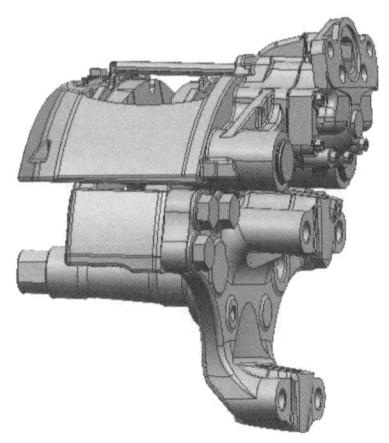

图 3-57 盘式转向节与制动器的连接原理

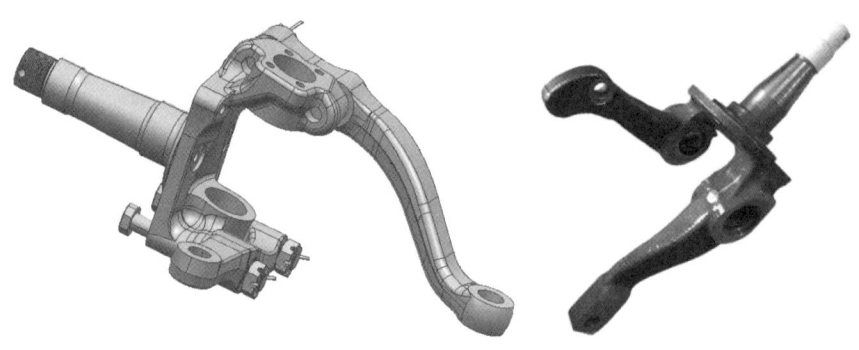

图 3-58 鼓式桥用转向节

图 3-59 盘式桥用转向节

3.4.4 转向节包装

产品包装是产品发货之前的最后一道工序。产品加工完成后需要清理产品在各工序加工流转中产生的油污、切削液、灰尘等,保证产品清洁度;还需考虑内装工件的特征、表面加工精度、运输和存储周期环境条件,选择合适的防锈材料和包装方法。产品防锈包装经常采用多装防锈材料相结合的方式。转向节常规包装流程为：清洗→烘干→冷却→防锈→包装→打包。

常规的防锈技术可分为间接防锈与直接防锈两类。间接防锈材料有干燥剂、气相缓蚀剂等，直接防锈材料有防锈油、防锈纸、防锈剂等。

1. 防锈包装设计一般遵循的原则

（1）满足要求，不过度设计提高包装精度，不造成额外的生产成本。

（2）依据防锈周期长短及客户需求，选择合适的防锈材料及包装方式。比如客户需要焊接或者装配喷漆无清洗过程，只能使用干式包装（气相防锈产品、水性防锈剂等）。

（3）一般出口包装必须使用免熏蒸的材料，如胶合板、纸箱等，国内产品实木包装也是允许的。

（4）包装尺寸需要满足人机工程学及客户现场存放的尺寸环境的要求。高度太高取放工件困难，要尽量避免歪腰，便于取放；露天存放的产品需做好防雨防尘措施；上货架的产品需要咨询货架尺寸及限重；出口产品还需要考虑集装箱尺寸规格，降低成本。

2. 防锈包装工艺过程注意事项

（1）确定防锈包装要求，在防锈周期内不会产生锈蚀。

（2）确定生产工艺流程，生产过程中不会导致二次污染，过程应连续，异常情况处置时应做好临时防锈措施。

（3）产品防锈包装前应达到或者接近室温再进行处理。

（4）金属制品有突出和锐角时应避免对包装的损伤。

包装防锈方式如图3-60、图3-61所示。

（a）胶合板木箱包装+防锈油+VCI防锈袋　　（b）实木木箱包装+防锈油+PE袋

图3-60　转向节包装防锈方式

图 3-61 工位器具包装 +PE 塑料袋 + 水性防锈剂

3.5 转向节锻造模具制造

3.5.1 锻模的材料

热锻模选用热作模具钢，其工作温度高，要求在高温环境保持良好的性能。我公司主要模具用钢为 5CrNiMo、H13、8Cr3。

5CrNiMo 钢具有良好的韧性、强度和高耐磨性，属于热作模具钢。它在室温和 500~600℃时的力学性能几乎相同。在加热到 500℃时，仍能保持住 300HBS 左右的硬度。由于钢中含有钼，因而对回火脆性并不敏感，从 600℃缓慢冷却下来以后冲击韧性仅稍有降低。

化学成分（%）如下：

C：0.50~0.60，Si：≤0.40，Mn：0.50~0.80，S：≤0.030，P：≤0.030，Cr：0.50~0.80，Ni：1.40~1.80，Cu：允许残余含量≤0.30，Mo：0.15~0.30。

力学性能如下：

硬度：241~197HBS，压痕直径：3.9~4.3mm。

热处理规范如下：

淬火：830~860℃油冷。

4Cr5MoSiV1 钢的主要特性如下：

（1）具有高的淬透性和高的韧性。

（2）优良的抗热裂能力，在工作场合可予以水冷。

（3）具有中等耐磨损能力，还可以采用渗碳或渗氮工艺来提高其表面硬度，但会略为降低抗热裂能力。

（4）因其碳含量较低，回火中二次硬化能力较差。

（5）在较高温度下具有抗软化能力，但使用温度高于540℃（1000℉）时硬度迅速下降（即能承受的工作温度为540℃以下）。

（6）热处理的变形小。

（7）具有中等和高的切削加工性。

（8）具有中等抗脱碳能力。

化学成分（%）如下：

C：0.32~0.45，Si：0.80~1.20，Mn：0.20~0.50，Cr：4.75~5.50，Mo：1.10~1.75，V：0.80~1.20，P：≤0.030，S：≤0.030。

力学性能如下：

硬度：245~205 HBS。

热处理规范如下：

淬火：（790±15）℃预热，1000℃（盐浴）或 1010℃（炉控气氛）±6℃加热，保温 5~15min，空冷。

回火：（550±6）℃退火。

3.5.2 锻模的加工

常使用的锻模有锤锻模、压力机锻模。锻模按设备分为锤锻模、压力机锻模、平锻模等（见图 3-62）。

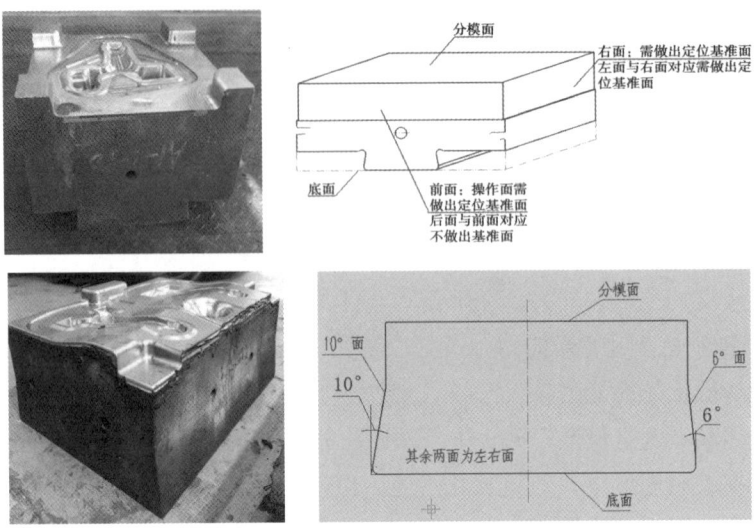

图 3-62 锻模类型

模具加工首先利用传统的机床如铣床、刨床、磨床、摇臂钻加工出模具外形，然后数控铣加工模具型腔（见图 3-63、图 3-64）。

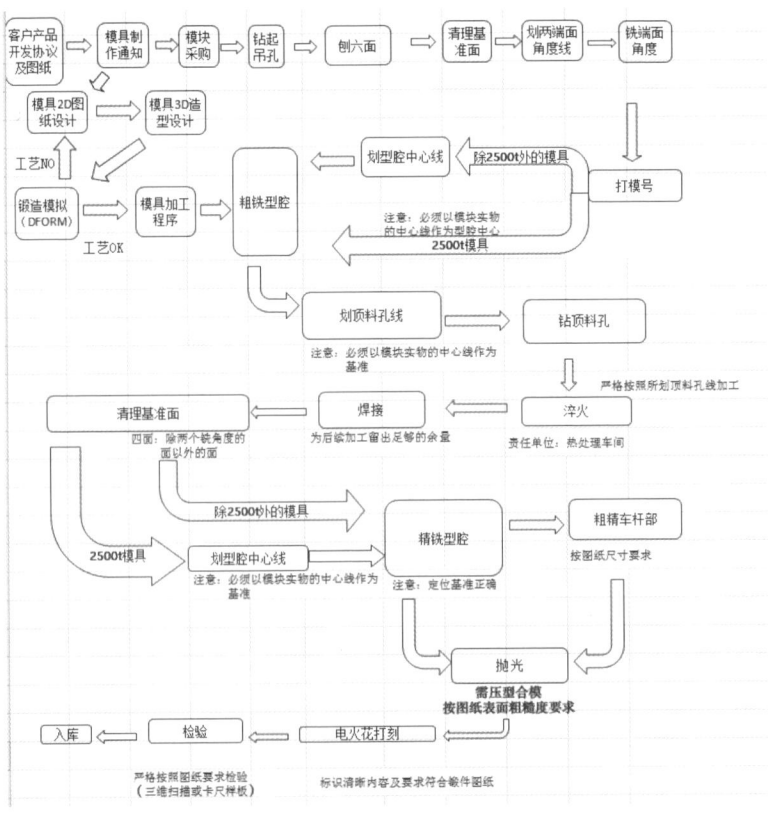

图 3-63 压力机锻模模具加工流程

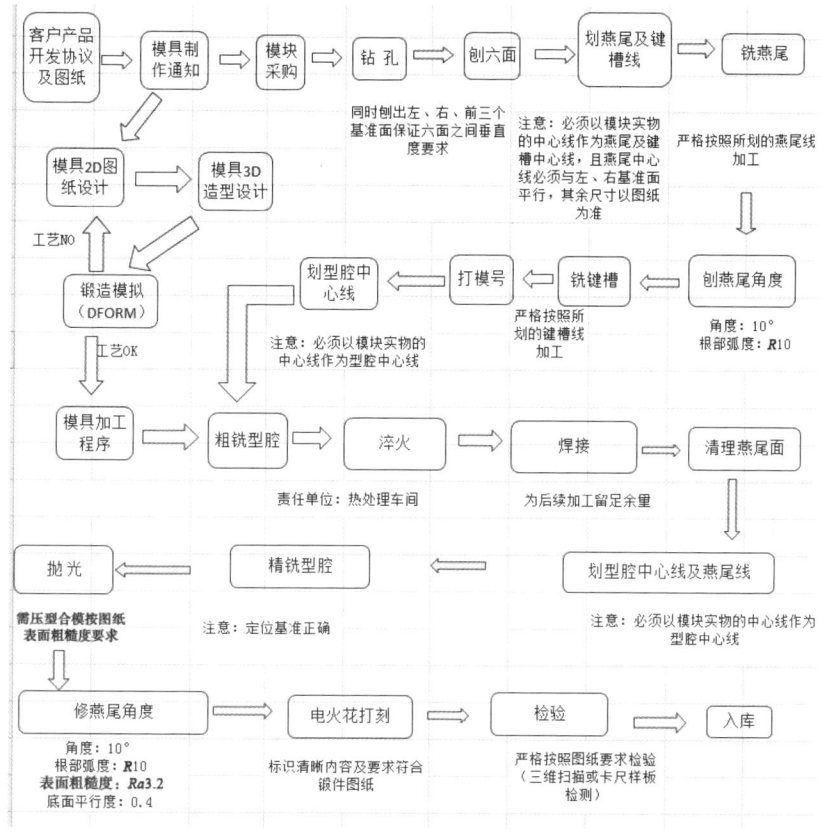

图 3-64 锤锻模模具加工流程

数控立式车床（C5112E×10/5）多用于结构大、普通车床不易装夹的工件加工。立车加工窄深的回转结构具有高效率、高精度的特点。我公司多用于转向节杆部的加工（见图 3-65）。

图 3-65 数控立式车床

针对模具型腔结构复杂、形状不规则，我公司采用普通数控铣粗加工、高速铣精加工的方式加工。普通数控铣转速为2000~4000r/min；而高速铣转速可达20 000r/min，高速铣具有加工效率高、精度高、加工模具表面粗糙度低的特点。应用NX进行模具设计和加工程序开发，进行刀具优化（见图3-66~图3-68）。

图3-66　模具铣削

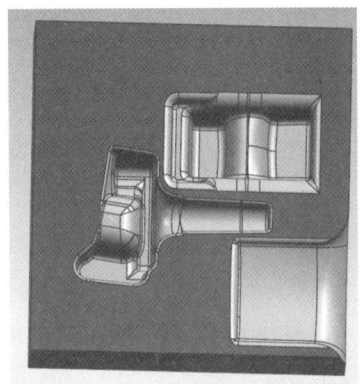 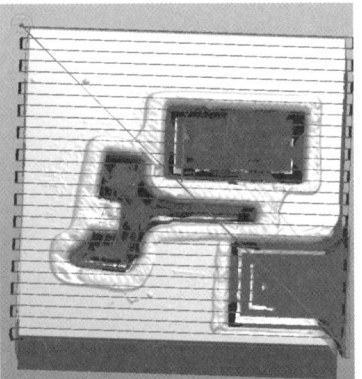

图3-67　NX8.5生成程序导入

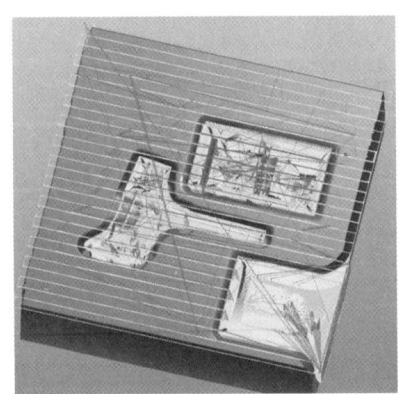

图3-68　优化后的加工程序

电火花成型机床在模具加工过程中主要用于锻模标识加工，也用于材质特别硬的孔加工和特别窄的模具型腔加工，加工精度、表面粗糙度相对较差。加工工具多为石墨电极（见图3-69）。

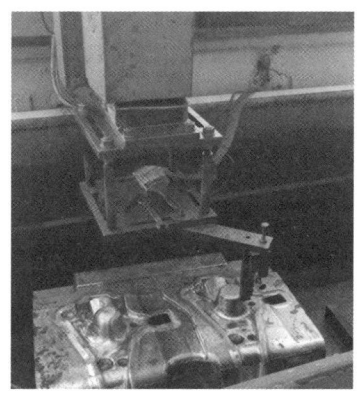

图3-69　D7815精密电火花成型机床

3.5.3　锻模的使用环境

锻模是在高温下通过冲击施压，强制金属成型。模具在工作过程中经受巨大的冲击负荷，同时承受压应力、拉应力和附加弯曲应力，被锻金属在模具型腔内流动又产生强烈的摩擦力，型腔表面经常与高温金属（钢铁材料为1100~1150℃，非铁金属温度稍低）接触，被加热至300~400℃，局部高达500~600℃。锻件取出后模具型腔还要用水、脱模剂、油或压缩空气冷却，如此反复加热和冷却，使模具表面快速冷却产生较大的热应力（见图3-70）。

图3-70　锻模使用现场

3.5.4 锻模的失效形式及表面强化处理

锻模失效一般发生在型腔的表面或亚表面层,主要形式为磨损变形、热疲劳龟裂、腐蚀、氧化及表面开裂等(见图 3-71~ 图 3-73)。

图 3-71　热疲劳龟裂

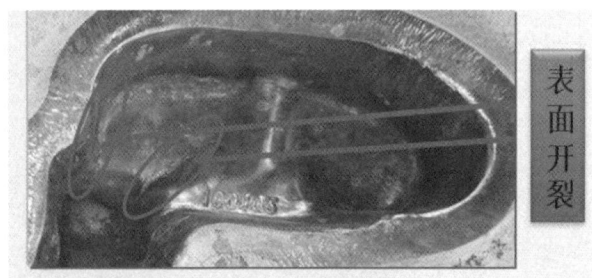

图 3-72　表面开裂

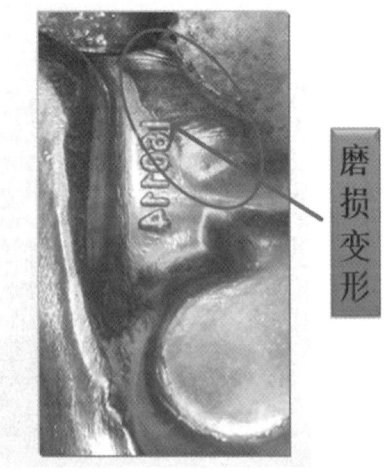

图 3-73　磨损变形

由于锻模工作环境恶劣导致模具寿命不长。为延长模具寿命，我公司目前使用以下两种模具表面强化技术（见图3-74、图3-75）。

图3-74　激光仿生强化

图3-75　硬质合金冷植焊

一、激光仿生强化

1. 采用激光仿生原理进行强化处理

激光仿生（见图3-76）是针对不同的热作模具材料，模仿植物叶片和蜻蜓翅膀等天然生物体表的非光滑形态与结构。通过对这些生物结构的分析、简化和模仿，设计出适合热作模具强化的仿生耦合模型。将激光修复技术与仿生耦合理论相结合，改善其抗热疲劳性能，提高模具使用寿命。

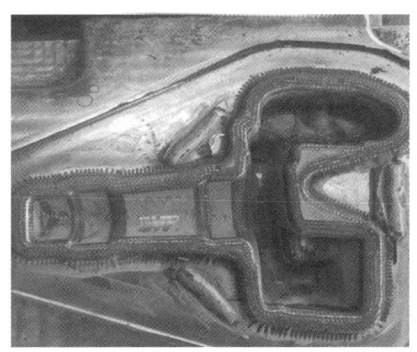

图3-76　激光仿生

2. 采用激光立体成型技术进行表面熔覆处理

采用激光立体成型技术原理，通过熔覆成型材料的设计，在待强化区域熔覆成型材料，实现热锻模具失效区域的高性能化。

采用激光仿生原理对型腔较易磨损的关键位置进行强化处理,这种结构在软质母体上分布有不同形态的硬质单元,两者彼此交替,使其具有优异的止裂和抗疲劳功能。

二、硬质合金冷植焊

采用硬质合金被覆法将硬质合金棒(碳化钨)通过电击的方式转化为金属结晶微粒,金属结晶微粒散布于金属表面以及渗透到被覆件组织内部与底材金属冶金结合,不会脱落(见图3-77)。表面处理后模具被覆处理厚度可达0.1~0.2mm,表面硬度可达80HRC。其具有提高模具耐磨、耐冲击、耐高温的性能。

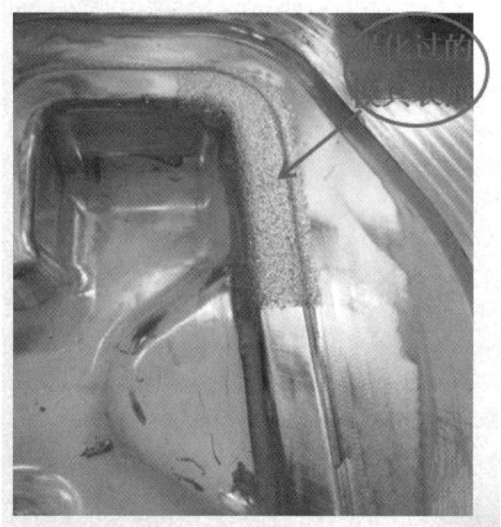

图3-77 硬质合金冷植焊

3.5.5 锻模3D打印再制造工艺流程

湖北三环锻造有限公司与华中科技大学联合研发的锻模3D打印再制造集成装备,采用三维扫描仪对气刨后的复杂锻模型腔进行自动化测量,对扫描后生成的数据云点建立数模,与标准三维模型进行比对,生成焊接程序并模拟运行,将检查无误的程序反馈给机器人,完成复杂锻模的自动化再制造,降低了工人劳动强度,改善了工作环境。2015年11月首条生产线建成投产,2016年11月投入第二条生产线,2017年2月投入第三条生产线,实现了锻造模具3D打印再制造技术产业化应用。转向节模具3D打印再制造集成装备如图3-78所示。

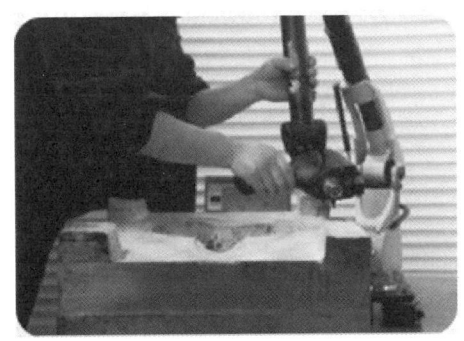 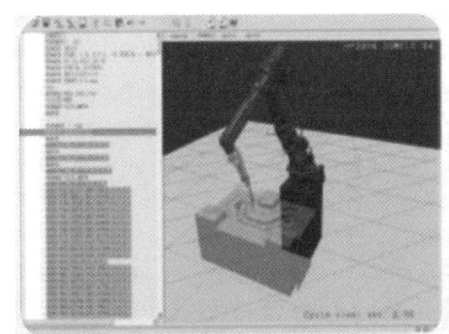

图 3-78　转向节模具 3D 打印再制造集成装备

1. 气刨

引弧开始气刨，电弧长度应保持在 1~2mm；气刨速度为 0.5~1.2m/min，引弧后的气刨速度应稍慢一点，为 0.5~0.9m/min，待金属材料被充分加热后再调至正常气刨速度。碳棒与模具基准面夹角一般为 25°~40°（关键点 C 如图 3-79 所示）。气刨型腔表面与模具分模面夹角不小于 7.5° 以避免方形尖棱，确保型腔台阶圆滑过渡（关键点 D 如图 3-80 所示）。气刨过程中及时清理气刨渣，气刨槽应无夹碳、粘渣、铜斑及裂纹等缺陷；否则，应及时清除。

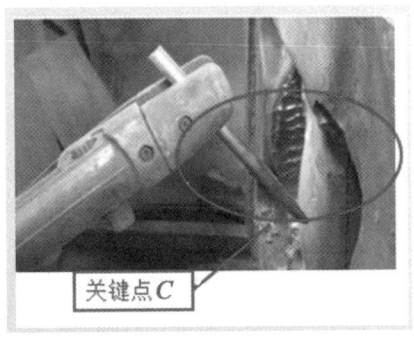

图 3-79　关键点 C

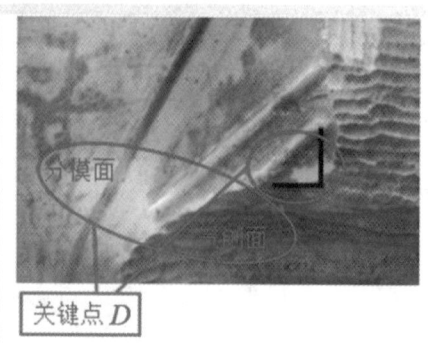

图 3-80　关键点 D

2. 扫描气刨型腔

关键点 F 如图 3-81 所示。

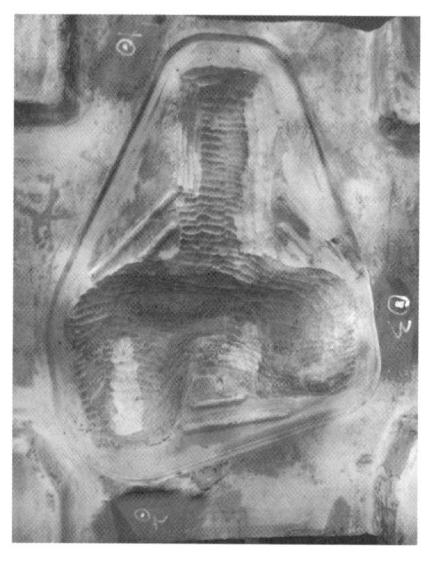
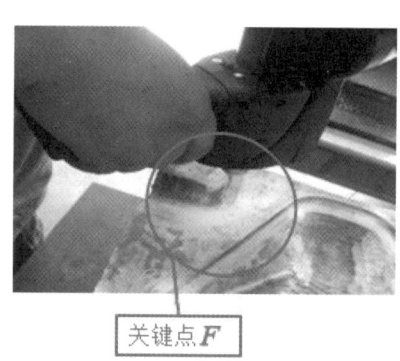

图 3-81　关键点 F

3. 焊接

（1）生成焊接程序

① 打开软件将扫描的气刨基准面和模具三维模型基准面对齐（关键点 A）。

② 按图 3-82 所示设置好参数分割出需要焊接的虚拟实体。

③ 设置焊层厚度将焊接虚拟实体分层。

④ 将实体虚拟层按照桥部表层 10~15cm、中层与底层厚度对分的原则分为表层（焊丝 760）、中层（焊丝 455）、底层（焊丝 725）；设置好焊丝伸出值、焊丝直径、焊道之间的距离、焊枪倾角、焊枪移动速度、焊层厚度、清枪频率生成焊接程序。

⑤ 将生成的程序导入 ROBO-move 进行焊接机器人动作仿真，检查程序是否正确（见图 3-83）。

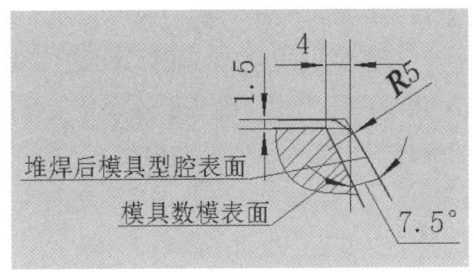

图 3-82 设置焊接参数

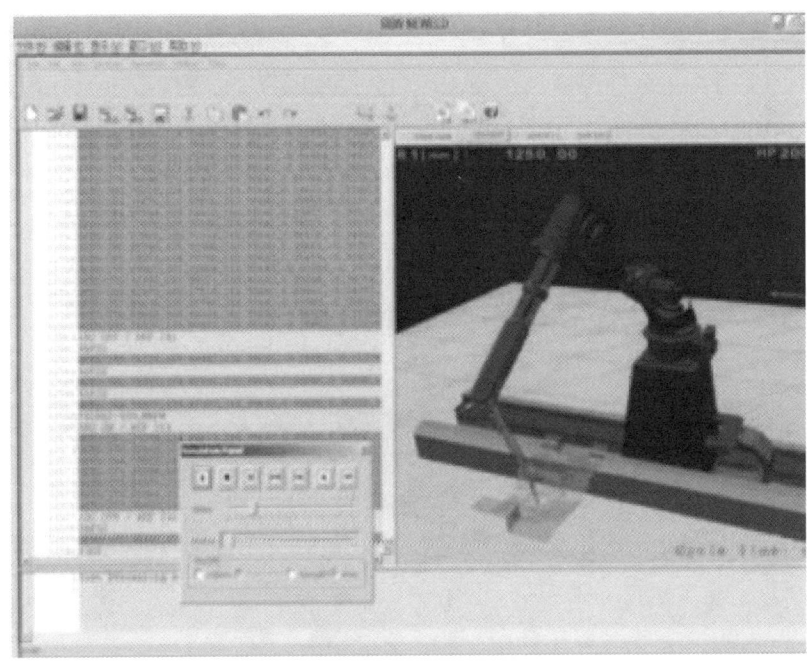

图 3-83 碰撞检查

（2）**焊接过程** 正确的焊丝伸出值是由校准机器人焊枪时的焊丝长度来确定的。须在使用正确的焊丝伸出值前提下执行模具的校正置零操作。在校准（模具）时，错误的（焊丝）伸出值将会导致一定比例的焊枪定位倾斜错误。

① 将预热至 500℃的模具吊至堆焊工作台放置好保温箱。

② 打开工作台加热开关，打开机器人电源控制开关。

③ 将焊接机器人设定为教学模式，把焊接程序导入机器人主机。

④ 移动焊枪对模具上 3 个基准点对标（关键点 B）。

⑤ 在教学模式读入机器人焊接程序模拟焊接过程。

⑥ 确认程序无误后先竖直抬起焊枪 200mm（关键点 C），然后将焊枪归零，程序回至第一步。

⑦ 设置好焊接电流和保护气进气压力。

⑧ 打开焊机开关，打开抽烟机开关，打开焊接保护气源。

⑨ 将机器人设定为自动焊接模式，确认机器人准备好，确认焊接区域安全，二次确认所有参数设置无误后机器人开始自动焊接（关键点 D）。

⑩ 焊接过程中每堆焊一层需用清渣枪清理堆焊表面并用压缩空气吹尽。焊接过程中模具温度不得低于 300℃，压缩空气中不得有水。

（3）焊后回火

① 模具堆焊完成后将模具放入模具加热炉（500℃）保温 4h 随炉温冷至室温。

② 一次回火，加热堆焊模具至 565℃保温 12h 后冷至 100℃以下。

③ 二次回火加热堆焊模具至 565℃保温 12h 后冷至室温。

因回火时间长，故回火炉采用的箱式炉容量都比较大，以缓解模具加工的瓶颈问题。

严格按照工艺要求控制好加热温度、保温时间、缓冷温度、缓冷时间以及回火次数。回火电炉采用智能仪表记录温度 – 时间变化曲线图表并贮存数据，以保证热处理充分，确保修复后的模具晶粒组织、硬度等均匀。

3D 打印与传统工艺对比如图 3-84 所示。

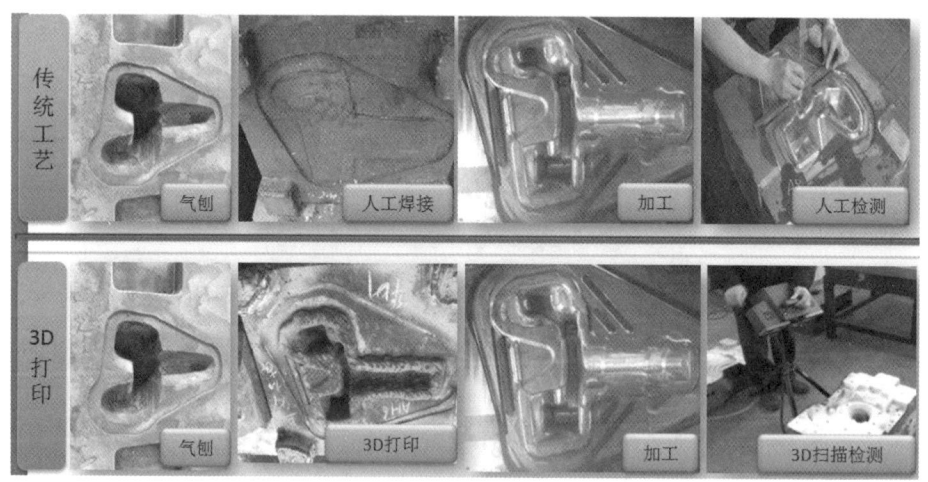

图 3-84　3D 打印与传统工艺对比

4. 改善作业环境

投入 3D 打印自动线前：1 人 1 机，弧光直射，2h 休息一次；清渣、换焊材、确认焊接尺寸，全部需要人工完成（见图 3-85）。

投入 3D 打印自动线后：1 人 2 机，不接触弧光，24h 不停机；焊接尺寸程序控制，少量时间清渣、换焊材需要人工（见图 3-86）。

图 3-85　传统模具焊接　　　　图 3-86　投用 3D 打印后

5. 提高模具质量，避免返工返修

模具 3D 打印增材焊补是通过程序控制，智能仿真模拟，整个过程是可控的，不存在人为因素干扰，完全消除了人为产生的保护气体调整不一、送丝速度不均匀、风镐敲击去应力不及时等因素影响；同时也不会存在因个人技能水平造成的焊瘤、裂纹或缺料等质量问题。焊接质量对比如图 3-87 所示。

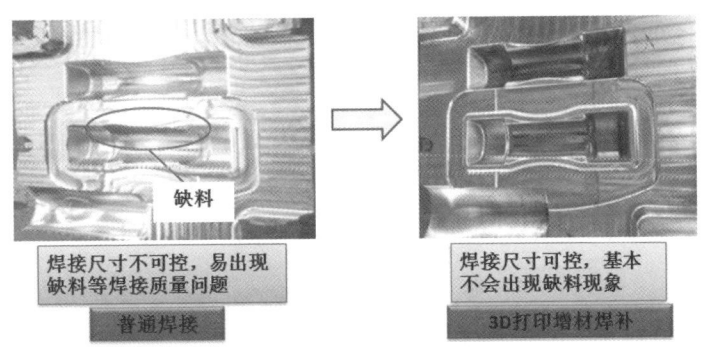

图 3-87　焊接质量对比

3.6　转向节质量管理

3.6.1　锻件常见的缺陷、产生的原因及提高锻件质量的措施

锻件的缺陷很多，产生的原因也多种多样，有锻造工艺不良造成的，有原材

料的原因、模具设计不合理所致等。尤其是少无切削加工的精密锻件,锻件的缺陷更是难以做到完全控制。

1. 锻件常见的缺陷

(1) **表面缺陷** 如裂纹、分模面裂纹、磕碰、凹坑(氧化坯垫伤)、折叠、局部充型不饱满、欠压、错移、变形等。

(2) **内在缺陷** 如大晶粒、锻件流线分布不顺、铸造组织残留等。

2. 产生缺陷的原因

(1) **裂纹**(见图 3-88) 裂纹通常是由锻造时存在较大的拉应力、切应力或附加拉应力引起的。裂纹通常发生在坯料应力最大、厚度最小的部位。坯料锻造时变形速度过快、变形程度过大等均可能产生裂纹。

图 3-88 锻件裂纹

(2) **分模面裂纹**(见图 3-89) 分模面裂纹是指沿锻件分模面产生的裂纹,因原材料非金属夹杂物多,或是切边处负荷太大导致分模面处产生较大的拉应力所致。

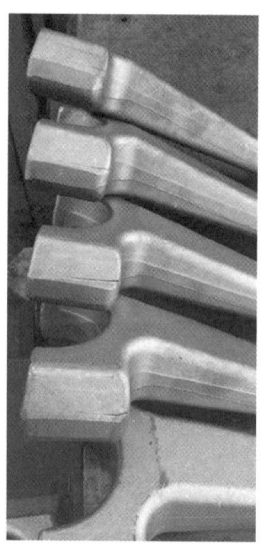

图 3-89 分模面裂纹

（3）**磕碰**（见图3-90） 磕碰是指锻件表面与其他异物碰撞形成的凹坑。一般锻件表面磕碰形成的凹坑边缘相对尖锐。通常热锻件在转运过程中容易产生磕碰，采用锻造生产线自动化改造或是在转运过程中对锻件轻拿轻放均能减少磕碰的产生。

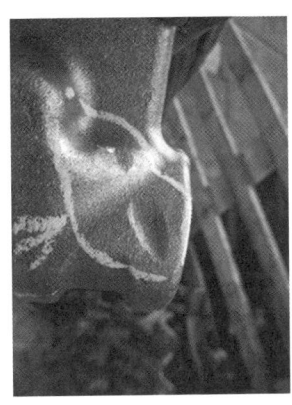

图3-90 磕碰

（4）**凹坑**（见图3-91） 凹坑是在锻造过程中，由于坯料上的氧化皮（铁屑）清理不彻底，导致压嵌在锻件本体上；锻件冷却或抛丸后，嵌入的氧化皮掉落后形成的。

图3-91 凹坑

（5）**折叠**（见图3-92） 折叠是金属变形过程中已氧化过的表层金属汇合到一起而形成的。它可以由两股（或多股）金属对流汇合而形成；也可以由一股金属的急速大量流动将邻近部分的表层金属带着流动，两者汇合而形成；也可以由于变形金属发生弯曲、回流而形成；还可以是部分金属局部变形，被压入另一部分金属内而形成。折叠主要与模具的设计、成型工序的安排、润滑情况及锻造的实际操作等有关。折叠使产品在工作时由于此处的应力集中而成为疲劳源，关键的零件及关键的受力部位的折叠必须消除。

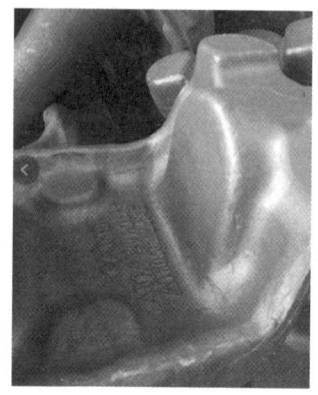

图 3-92 折叠

（6）**局部充型不饱满**（见图 3-93） 局部充型不饱满主要发生在窄深筋肋、急转角、卧锻转向节的盘部、立锻转向节的杆部及长耳顶部，使尺寸不符合图纸要求。产生的原因可能是：

① 锻造温度低，金属流动性差。

② 设备吨位不够或打击力不足。

③ 制坯模设计不合理，坯料体积或截面尺寸不合格。

④ 模膛中堆积氧化皮等。

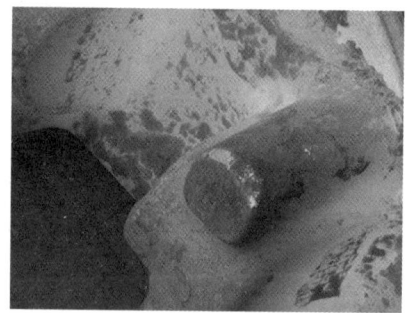

图 3-93 局部充型不饱满

（7）**欠压**（见图 3-94） 欠压是指垂直于分模面方向的尺寸普遍增大，产生的原因可能是：

① 锻造温度低。

② 设备吨位不足，锤击力不足或锤击次数不足。

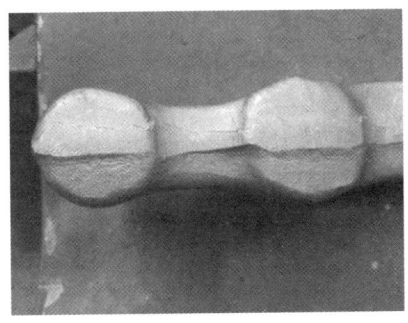

图 3-94 欠压

（8）**错移**（见图 3-95） 错移是锻件沿分模面的上半部相对于下半部产生位移，产生的原因可能是：

① 滑块（锤头）与导轨之间的间隙过大。

② 锻模设计不合理，缺少消除错移力的锁口或导柱。

③ 模具安装不良。

图 3-95 错移

（9）**变形**（见图 3-96） 变形是指锻件轴线弯曲，与平面的几何位置有误差；特别是长杆类或大落差长臂类锻件易出现变形。产生的原因可能是：

① 锻件出模时不注意。

② 切边时受力不均。

③ 锻件冷却时各部分降温速度不一。

图 3-96 变形

(10) **大晶粒**　大晶粒通常是由于始锻温度过高或是变形程度不足（没锻透）引起的。高温合金变形温度过低，形成混合变形组织时也可能产生粗大晶粒。晶粒粗大将使锻件的塑性和韧性降低，疲劳性能明显下降。

(11) **流线分布不顺**　流线分布不顺是指在锻件经过剖切、打磨、酸煮腐蚀、清水冲洗后，肉眼发现的锻件切面流线切断、回流、涡流等流线紊乱现象。如果因模具设计不当或锻造方法选择不合理，预制毛坯设计不合理、工人操作不当及模具磨损等使金属产生不均匀流动，都可能使锻件流线分布不顺。流线分布不顺会使各种力学性能降低，因此对于重要锻件，都有流线分布的要求。

(12) **铸造组织残留**（见图3-97）　铸造组织残留主要出现在用铸锭做坯料的锻件中。铸造组织主要残留在锻件的困难变形区。锻造比不够和锻造方法不当是铸造组织残留产生的主要原因。铸造组织残留会使锻件的性能下降，尤其是冲击韧度和疲劳性能等。

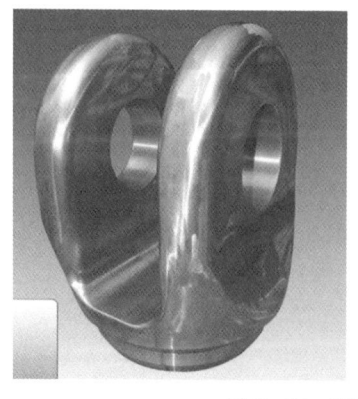

图 3-97 铸造组织残留

3.6.2 锻件和锻模的检测

1. 锻件的检测

锻件（锻造完成后没有经过后续处理的锻件）常见的检测方法有目测法、划线检验法、量具检验法、样板检验法、高倍检验、探伤检查等。

（1）**目测法** 锻件的表面质量如裂纹、折叠、凹坑等都可以经肉眼初步发现。锻件的形位误差，如变形、模锻件的错移等，比较严重的也都可以凭经验经肉眼发现。在生产现场，特别是工序的巡检中，往往来不及逐件检查锻件；为使质量问题在生产中及时发现，需由大量有实践经验的工人来目测锻件的质量。

（2）**划线检验法** 有些锻件形状复杂，用量具或是样板无法检验，只能用划线方法来检验锻件的尺寸和形位误差，划线检测精度高，是常用的检测方法。转向节划线法检测如图3-98所示。

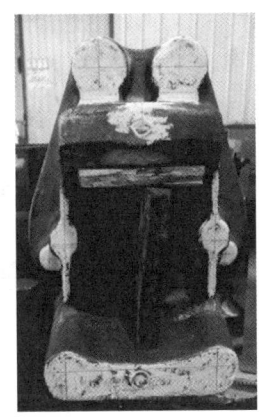

图3-98 转向节划线法检测

（3）**量具检验法**（见图3-99） 锻造生产中，常用的量具可分为通用量具和专用量具两大类。大量的尺寸检验要靠通用量具来检验，如用钢板尺、角度尺、游标卡尺、高度尺、游标深度尺等。

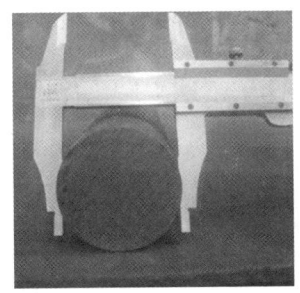

图3-99 量具检验法

（4）**样板检验法**（见图 3-100） 大批量的锻件和多角弯曲较复杂的锻件常常采用样板和局部样板来检验尺寸。

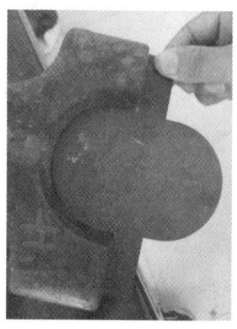

图 3-100 样板检验法

（5）**高倍检验**（见图 3-101） 用光学显微镜或电子显微镜观察锻件的金相组织、碳化物级别、偏析、锻件晶粒度等。

图 3-101 高倍检验

（6）**探伤检查** 通过采用无损探伤方法来检查锻件肉眼辨别不清的质量问题，如裂纹、折叠等。探伤方法有磁粉探伤（见图 3-102）和超声波探伤（见图 3-103）等。

图 3-102 磁粉探伤

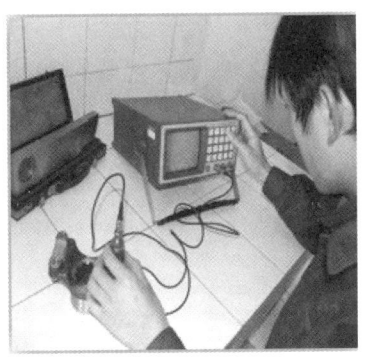

图 3-103 超声波探伤

2. 锻模的检测

传统的检测方法有深度尺测量，样板、压样检测等（见图 3-104），目前多采用三维扫描检测。我公司使用的扫描仪有蓝光扫描仪（见图 3-105）和手持式激光扫描仪（见图 3-106）。光学三维扫描仪分为结构光扫描仪、激光扫描仪。

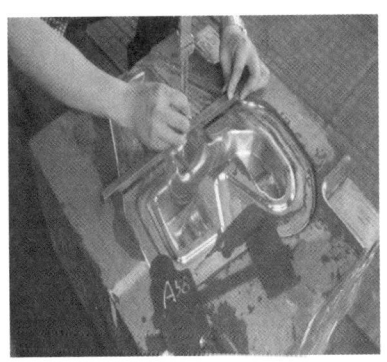 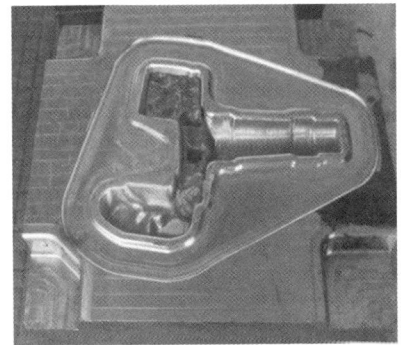

图 3-104 传统锻模检测

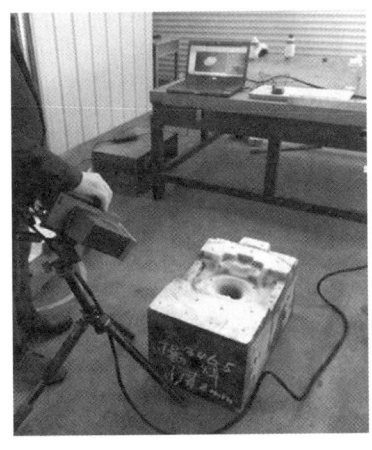 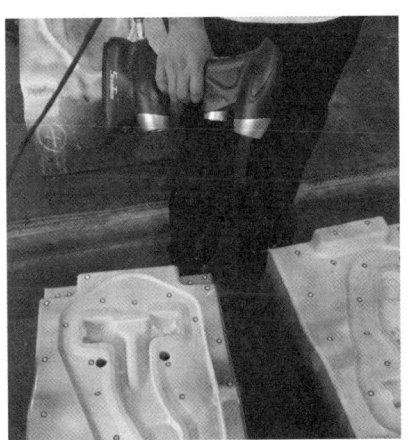

图 3-105 蓝光扫描仪　　　图 3-106 手持式激光扫描仪

（1）**结构光扫描原理**（见图 3-107） 光学三维扫描系统是将光栅连续投射到物体表面，摄像头同步采集图像，然后对图像进行计算，并利用相位稳步极线获取两幅图像上的三维空间坐标（X，Y，Z），从而实现对物体表面三维轮廓的测量。

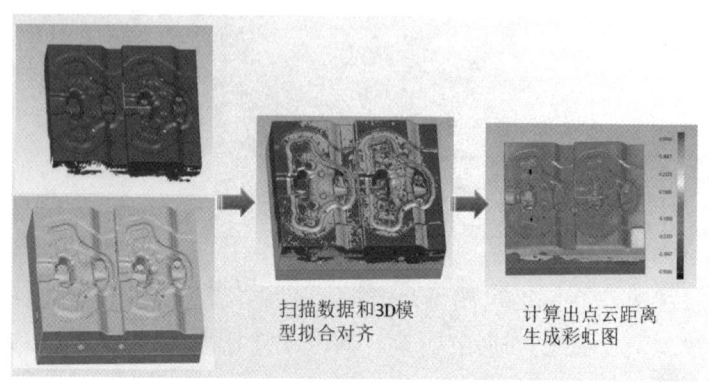

图 3-107　扫描数据和模具 3D 造型拟合对比

（2）**激光扫描原理** 由于扫描法系以时间为计算基准，故又称为时间法。激光扫描仪是一种十分准确、快速并操作简单的仪器，且可装置在生产线上，可以边生产边检验。激光扫描仪的基本结构包含激光光源及扫描器、受光感（检）测器、控制单元等部分。激光光源为密闭式，较不易受环境的影响，且容易形成光束；目前常采用低功率的可见光激光，如氦氖激光、半导体激光等。扫描器为旋转多面棱规或双面镜，当光束射入扫描器后，即快速转动使激光反射成一个扫描光束。光束扫描全程中，若有工件挡住光线，可以测知尺寸大小。测量前，必须先用两支已知尺寸的量规做校正，所有测量尺寸若介于此两量规间，经电子信号处理后，即得到待测尺寸。因此，其又称为激光测规。

三维扫描仪检测具有精度高、测量范围大、可测量形状复杂的工件等优势。但受扫描仪两视距的限制，扫描仪不易测量窄小的深型腔。

3.6.3　产品全寿命周期管理

产品全寿命周期管理（PLM）即数据管理中心和协同作业管理。PLM 研发平台如图 3-108 所示，RLM 系统组成如图 3-109 所示。

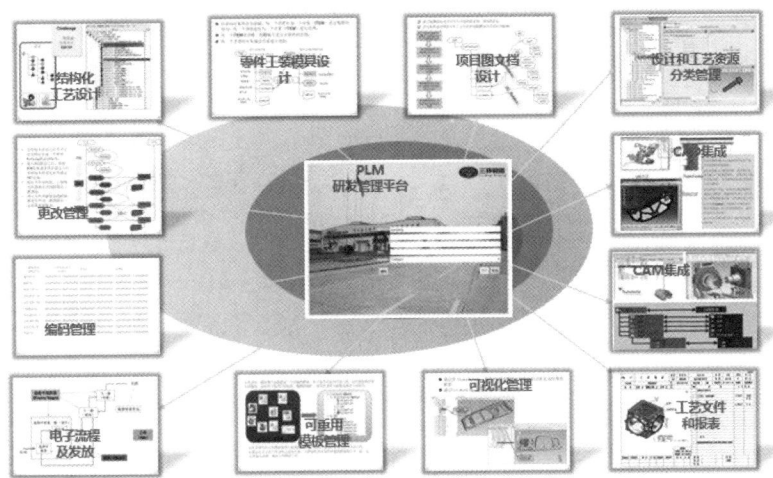

图 3-108　PLM 研发平台

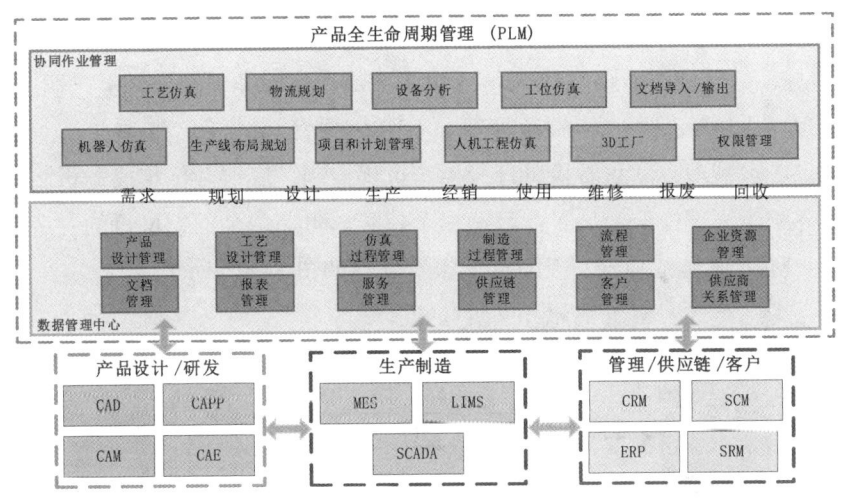

图 3-109　PLM 系统组成

数据管理中心通过在产品、工艺、资源和车间数据之间建立关联,将其转换为结构化的知识并延伸到整个产品生命周期。

协同作业管理通过规划部门、产品研发部门、生产工程部门和生产车间的高度信息共享,实现各部门间的并行协同作业,以支持工厂以产品为单元进行跨部门、跨阶段、跨专业的分析和优化。

PLM 是以产品为组织单元,实现产品的需求、设计、制造、销售、客户反馈等方面产品全生命周期数字化信息的全面集成和共享。

作为 PLM 解决方案的核心,数据管理中心主要包括产品设计管理、工艺设计管理、仿真过程管理、制造过程管理、文档管理、企业资源管理、供应商关系管理、供应链管理、客户管理、服务管理、报表管理、流程管理（见图3-110）。

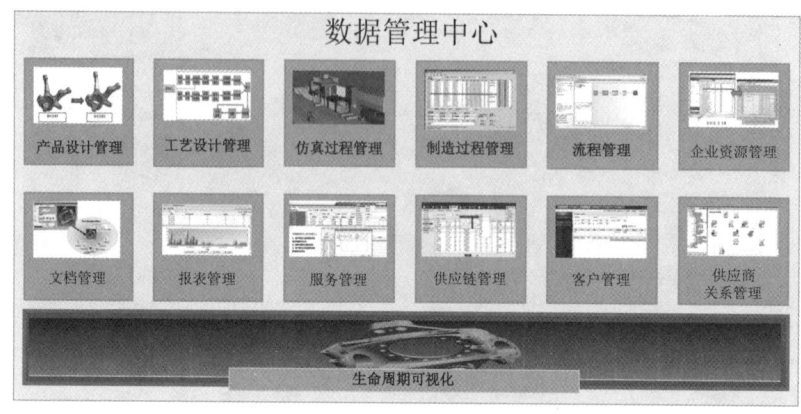

图3-110 数据管理中心组成图

1. 制造执行系统

制造执行系统（MES）是一套面向制造企业车间执行层的生产信息化管理系统。MES可以为企业提供包括制造数据管理、计划排程管理、生产调度管理、库存管理、质量管理、人力资源管理、工作中心/设备管理、工具工装管理、采购管理、成本管理、项目看板管理、生产过程控制、底层数据集成分析、上层数据集成分解等管理模块，为企业打造一个扎实、可靠、全面、可行的制造协同管理平台。MES实施成效——ANDON报警管理如图3-111所示。

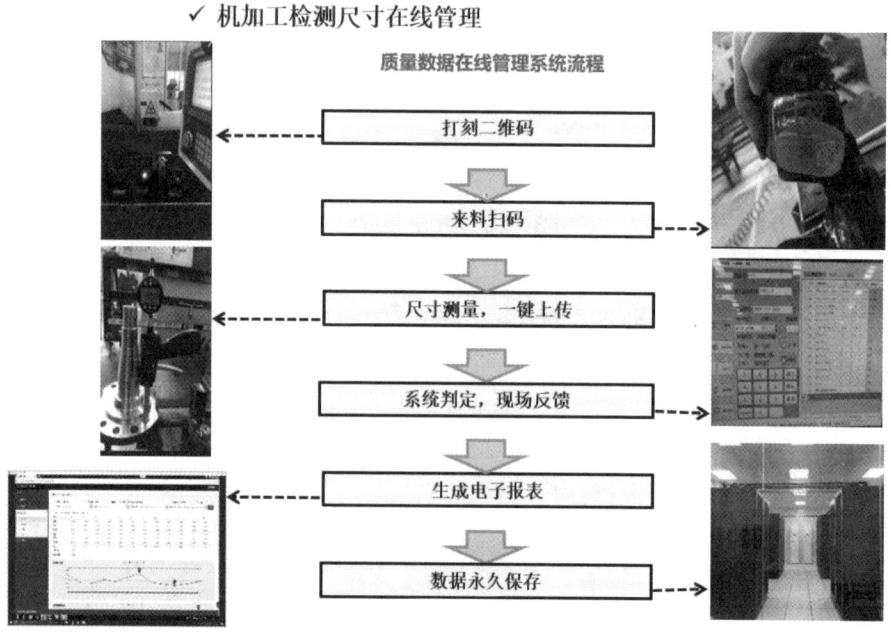

图3-111 MES实施成效——ANDON报警管理

2. 执行层信息物联技术——产品质量追溯（见图3-112）

每个零件都有固定的编码身份证，通过扫码能够查询到该零件是哪天几时几分机加工和锻造的，什么设备制造的，及其相应的设备、工艺参数和质量信息，一直追溯到原材料的信息（也可开放给客户，客户扫码直接查询）。

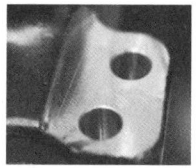   

  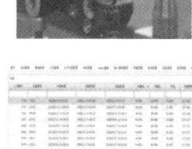 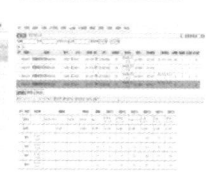 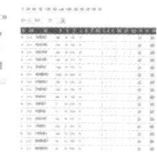

扫码查询　　　刻码进入系统　　机加质量数据自动录入系统　　锻造质量数据自动录入系统　　原材料化学分析自动录入系统

图3-112　产品质量追溯

3. 执行层信息物联技术——设备监控管理（见图3-113）

通过设备互联互通，实时监控设备故障信息，收集分析故障类型，通过预防性维护，提高OEE（设备综合效率）。

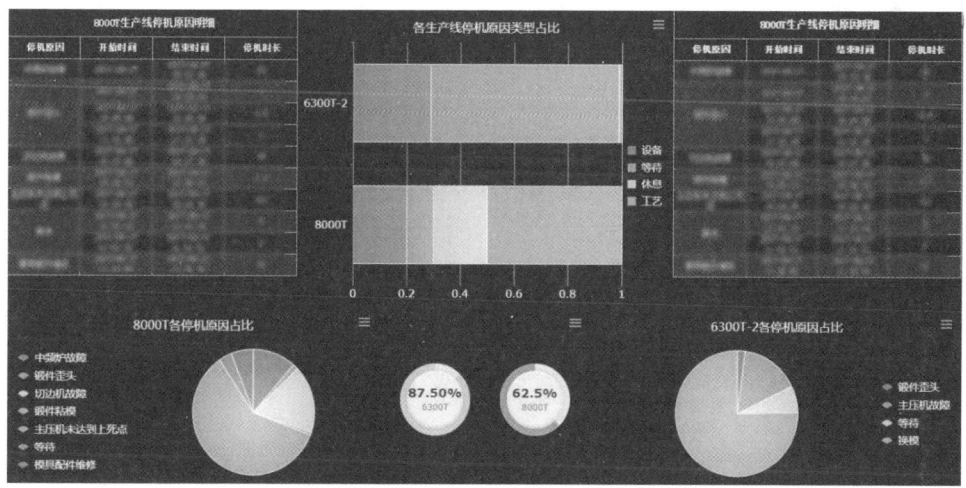

图3-113　设备监控管理

第 4 章　三环锻造实习安排及计划

4.1　湖北三环锻造有限公司介绍

4.1.1　企业基本情况

湖北三环锻造有限公司是省属国有企业，隶属三环集团有限公司（以下简称"三环集团"）。三环集团主要从事专用汽车、汽车零部件和数控锻压机床产品的生产和经营。

三环集团是湖北省汽车行业龙头企业，资产总额 210 亿元，是国家汽车零部件出口基地企业、"中国制造业 500 强"、"中国汽车工业 30 强"、全国"守合同重信用企业"、"中国优秀诚信企业"。

湖北三环锻造有限公司（以下简称"公司"）是采用模锻工艺生产钢质锻件的专业化企业，总资产 16.55 亿元，是中国最大的中、重型汽车转向节制造公司，具有年产锻件 12 万 t、汽车转向节 300 万件的生产能力，年产销规模 15 亿元。公司是中国锻压协会理事单位、全国锻压标准化技术委员会委员单位、中国制造 2025 首批智能制造试点示范项目单位、工信部制造业与互联网融合发展试点示范单位、湖北省首批支柱产业细分领域隐形冠军示范企业、全国中重型商用车转向节单项冠军，拥有湖北省企业技术中心、湖北省精密锻造工程技术研究中心、院士（专家）工作站、博士后创新实践基地等技术、研发平台，拥有员工 1760 余人，拥有各类生产设备 1100 多台（套）。

4.1.2　地理位置

公司位于群山绿水环绕的谷城城区，武汉与十堰汽车走廊之间，襄渝铁路和汉十高速穿城而过；动车停靠，城际高铁设有车站；附近有襄阳机场、河口机场、武当机场,交通便利,通信快捷,地理位置如图 4-1 所示,新工业区鸟瞰图如图 4-2 所示。

图 4-1　地理位置

图 4-2　新工业区鸟瞰图

4.1.3　企业发展历程

公司始建于 1961 年,称"谷城县拖拉机站";
1985 年更名为"谷城县汽车配件铸锻厂",开始生产汽车零部件;
1988 年组建"谷城县东银汽车零部件锻造有限公司";
2000 年加入三环集团,更名为"三环集团谷城锻造有限公司";
2002 年更名为"湖北三环锻造有限公司";

2005 年开展了混合所有制改革,三环集团控股 80%、经营骨干持股 20%,并成功开拓印度市场;

2011 年公司过山厂区全面建成、投产;

2013 年公司转向节批量出口戴姆勒奔驰公司;

2014 年三环锻造白龙岗工业园区一期工程开工建设;

2015 年工业园内建成首条智能制造转向节机加生产线;

2017 年工业园内建成智能锻造车间和智能机加车间,顺利通过工信部智能制造项目验收,荣获长江质量奖;

2018 年公司"东银"商标被认定为中国驰名商标,荣获全国管理创新一等奖;

2019 年荣获全国单项冠军、湖北省科技进步一等奖;

2020 年荣获湖北省科技进步一等奖,中国机械工业联合会科技进步一等奖。

4.1.4 营业收入增长

近几年来,在省市县各级人社部门的关心和支持下,公司实现了高质量、高速发展,2016 年以来连续 4 年实现较快增长,2019 年实现营业收入 95 321 万元,比 2015 年的 46 599 万元增长了 1.05 倍;实现利税 11 052 万元,比 2015 年的 3544 万元增长了 2.12 倍。

受新冠疫情影响,2020 年春节后公司于 2 月底部分复工,3 月 16 日全面复工复产。复工复产以来公司在有效疫情防控的情况下,全面掀起大干生产热潮,抢抓订单保供客户。全年累计实现营业收入 12.3 万元,同比增长 30%。公司 2012—2020 年营业收入完成情况如图 4-3 所示。

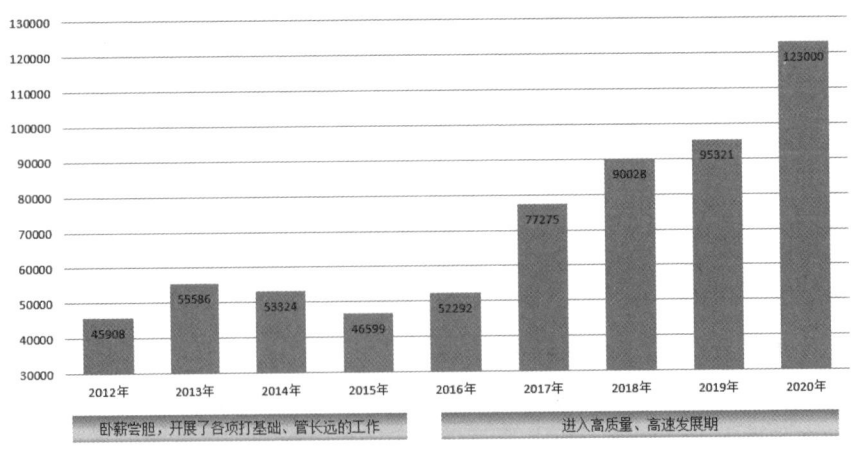

图 4-3 公司 2012—2020 年营业收入完成情况(单位:万元)

4.1.5 公司主要产品

公司拥有国际先进的锻造生产线，凭借过硬的产品质量，赢得了世界知名汽车制造商——戴姆勒奔驰公司的青睐，成为国内第一家为奔驰公司提供安保件的生产厂家，并连续两年荣获"戴姆勒奔驰优秀供应商"荣誉称号。在美国，已有超过60万台奔驰车使用的是公司锻造的转向节。

公司在2016年战略研讨会上把未来发展的战略主导产品聚焦定位在"转向节、转向臂、突缘"三大类产品上（见图4-4）。

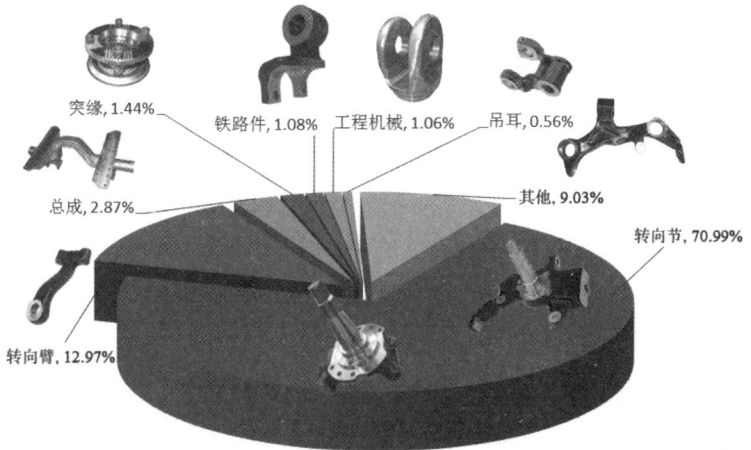

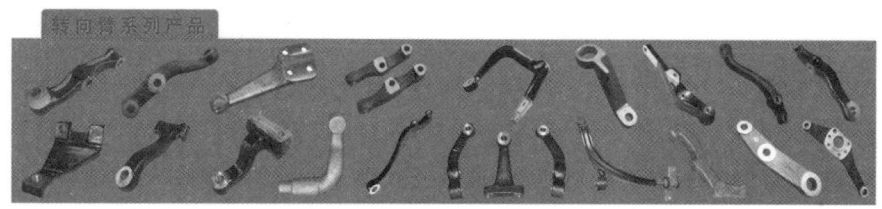

图4-4 公司主要产品

4.1.6 客户与市场

公司主导产品"东银"牌汽车转向节国内市场占有率达到 57% 以上，产品出口美国、德国、荷兰、韩国、意大利、印度、墨西哥、伊朗等国家。公司是东风汽车、陕西重汽、北奔重汽装配国内军车和出口车型指定供应商，国庆阅兵式上，公司产品装配的军车方阵曾多次接受党和人民的检阅。

公司同国内东风商用车、陕汽、重汽、一汽、宇通客车、柳汽、江淮重卡等 20 多家主流车型制造商建立了战略合作伙伴关系。公司具有日产 1.2 万件转向节生产能力，可日供 6000 台商用车装配用量。

公司是东风公司、陕汽、北方奔驰军车和出口车唯一指定供应商。

公司同戴姆勒奔驰、荷兰 DAF、德国采埃孚、美驰、印度利兰等公司建立了密切配套关系，特别是同戴姆勒奔驰公司的合作向纵深推进（配套品种与份额节节攀升），大幅提升了公司的国际知名度，国际高端客户纷纷前来洽谈合作，有力地推动了公司布局全球的战略步伐。

公司年出口奔驰卡车转向节 30 万件以上。在戴姆勒奔驰公司创造了三个第一：中国第一家安保件供应商，中国第一家快速批量供货的供应商，中国第一家荣获戴姆勒奔驰公司全球优秀供应商称号的公司。

4.1.7 技术与研发

精密锻造中心全部实施智能制造，建成国内首条转向节智能制造机加生产线，应用了在线感知、自动检测、统计分析、质量追溯等高端技术。智能制造机加生产线和 8000t、6300t 智能锻造生产线一并入选国家首批"中国制造 2025"智能制造专项项目。项目的投产，使公司装备水平、智能制造水平与国际先进水平同步。未来，这里将建成亚洲锻造中心、转向节超市，锻造产品全球配送。公司共有专利技术 168 项，标准 27 项，到 2020 年知识产权过百项。图 4-5、图 4-6 所示为公司资质，图 4-8 所示为公司取得的部分专利及将项，公司参与制定的国际、国家及行业等标准见表 4-1，公司科研成果奖明细（部分）见表 4-2，公司十三五期间授权专利明细（部分）见表 4-3；公司未来三年规划如图 4-7 所示。

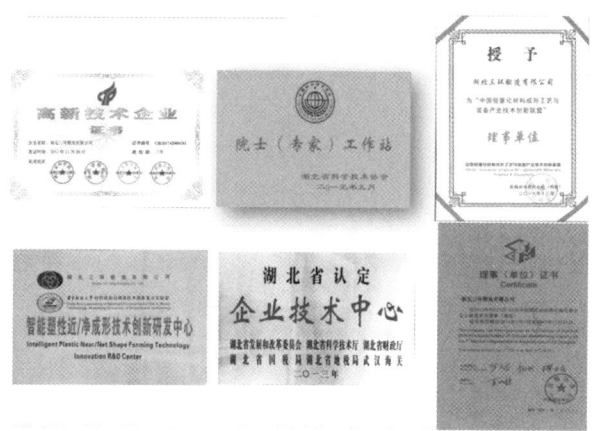

图 4-5 公司资质（一）

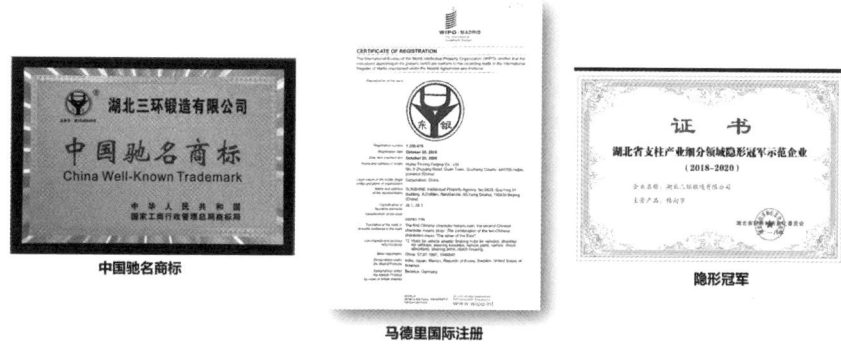

图 4-6 公司资质（二）

图 4-7 公司取得的部分专利及奖项

表 4-1 公司参与制定的国际、国家及行业等标准

序号	标准名称	标准号	备注
1	冲模术语 Tools for Pressing—Vocabulary	ISO 21223：2019	国际标准
2	钢质汽车转向节锻件　通用技术条件	JB/T 13276—2017	行业标准
3	变形铝合金精密锻件　通用技术条件	GB/T 34359—2017	国家标准
4	钢质楔横轧件　工艺编制原则	GB/T 33878—2017	国家标准
5	自由锻件、辗轧环件热态尺寸测量	GB/T 34358—2017	国家标准
6	钢铁件的感应淬火与回火	GB/T 34882—2017	国家标准
7	物联网标识体系　OID 应用指南	GB/T 36461—2018	国家标准
8	钢质汽车转向节臂锻件　技术要求	JB/T 13848—2019	行业标准
9	冲模　氮气弹簧　第 3 部分：紧凑强力氮气弹簧	GB/T 20914.3—2019	国家标准
10	冲模　氮气弹簧　第 4 部分：等高强力氮气弹簧	GB/T 20914.4—2019	国家标准
11	热处理冷却技术要求	GB/T 37435—2019	国家标准
12	大型锻钢件的淬火与回火	GB/T 37464—2019	国家标准
13	大型锻钢件的正火与退火	GB/T 37559—2019	国家标准
14	大型锻钢件热处理工艺模拟技术规范	GB/T 37586—2019	国家标准
15	大型锻钢件的锻后热处理	GB/T 37558—2019	国家标准
16	智能制造　对象标识要求	GB/T 37695—2019	国家标准
17	汽车配件产品追溯指南	T/CSPSTC 19—2019	团体标准
18	汽车复杂锻件余热热处理技术规范	DB42/T 1504—2019	地方标准

表 4-2 公司科研成果奖明细（部分）

序号	成果名称	类别
1	自动化热模锻生产线关键技术的自主研发与产业化	2020 年湖北省科技进步一等奖
2	汽车转向节机加工的智能生产线关键技术及应用	2020 年湖北省科技进步二等奖
3	热模锻件在线自动化三维测量技术及装备	2020 年中国机械工业科技进步一等奖
4	汽车复杂锻件智能化锻造系统关键技术及应用	2019 年湖北省科学技术进步奖一等奖
5	多种材料电弧熔丝增材制造技术及在热锻模制造/再制造中的应用	2019 年度中国机械工业技术发明二等奖
6	钢质汽车转向节锻后均温余热淬火工艺	2019 年中国机械工程学会科技创新奖

续表

序号	成果名称	类别
7	锻模3D打印增材制造与再制造关键技术研发及应用	2017年湖北省技术创新专项
8	铝合金轻量化汽车转向节精锻关键技术研究与开发	2016年湖北省技术创新专项
9	带转向节臂的整体式转向节 锻造工艺	成果登记
10	盘式转向节劈挤锻造工艺	成果登记
11	汽车转向节耳部内端面加工工艺	成果登记
12	汽车转向节立式倾斜锻造加工工艺	成果登记

表4-3 公司十三五期间授权专利明细（部分）

序号	专利名称	专利号	类型
1	网带炉出料口蒸汽隔绝装置	ZL 2015 1 0302100.4	发明
2	汽车转向节耳部内端面加工工艺	ZL 2014 1 0260692.3	发明
3	便于快速换模的切边冲孔校正复合模	ZL 2015 1 0302227.6	发明
4	带转向节臂的整体式转向节锻造工艺	ZL 2015 1 0403282.4	发明
5	汽车转向节立式倾斜锻造加工工艺	ZL 2015 1 0302165.9	发明
6	凸缘拉平面齿夹具	ZL 2015 1 0302189.4	发明
7	一种锻件温度检测装置以及锻造生产辅助系统	ZL 2016 2 1100764.9	实用新型
8	扭转臂标识压型模	ZL 2017 2 0302767.0	实用新型
9	转向节弯臂钻十字孔夹具	ZL 2017 2 0303766.6	实用新型
10	转向节钻攻侧耳八孔可翻转夹具装置	ZL 2017 2 0303735.0	实用新型
11	热态棒料去氧化皮装置	ZL 2017 2 0303311.4	实用新型
12	转向节检测装置及转向节检测设备	ZL 2017 2 0517140.5	实用新型
13	工件车线检测件及工件车线检测装置	ZL 2017 2 1058713.9	实用新型
14	内端面跳动量检测装置及内端面跳动量检测设备	ZL 2017 2 1051550.1	实用新型
15	平面齿对称度检测装置及检测设备	ZL 2017 2 1049914.2	实用新型
16	与转向节臂一体化成型的汽车转向节	ZL 2017 2 1244920.3	实用新型
17	差速器壳挤压冲孔工艺	ZL 2014 1 0833955.5	发明
18	转向节锻造圆钢柔性下料工艺	ZL 2016 1 0303240.8	发明
19	锻模3D打印增材焊接修复工艺	ZL 2015 1 0911896.3	发明
20	突缘钻孔夹具以及突缘钻孔设备	ZL 2017 2 1465442.9	实用新型
21	转身节的固定装置以及转身节的固定设备	ZL 2017 2 1683212.X	实用新型

续表

序号	专利名称	专利号	类型
22	加工多台阶孔专用复合镗刀	ZL 2018 2 0730844.5	实用新型
23	平面齿对称度快速检测装置	ZL 2018 2 0734520.9	实用新型
24	一种锻模模腔表面曲面仿形多层覆层结构	ZL 2018 2 0730814.4	实用新型
25	转向节弯臂扁平面铣削夹具	ZL 2018 2 0730852.X	实用新型
26	一种单衬套转向节总成的同轴衬套挤压装置	ZL 2018 2 0733976.3	实用新型
27	用于侧齿斜向式下料锻造工艺	ZL 2017 1 0187563.X	发明
28	转向节无损伤压衬套工艺	ZL 2016 1 0320521.4	发明
29	麦弗逊悬挂系统用转向节的加工工艺	ZL 2017 1 0885559.0	发明
30	带长臂的汽车转向节弯曲模具	ZL 2017 1 0885581.5	发明
31	转向节臂端部冷精压成型工艺	ZL 2018 1 0597108.1	发明
32	汽车转向节主销孔快速检测装置	ZL 2019 2 0464548.X	实用新型
33	一种内孔中心位置度检具	ZL 2019 2 0480643.9	实用新型
34	弯臂锥轴处铣扁厚度检测方法	ZL 2017 1 0885585.3	发明
35	左右转向节总成滚针轴承压套装置	ZL 2019 2 0480863.1	实用新型
36	高温棒料转向送料装置	ZL 2019 2 0464562.X	实用新型
37	转向节保护装置	ZL 2019 2 0464549.4	实用新型
38	锻模3D打印增材焊接自动换丝装置	ZL 2019 2 0464557.9	实用新型
39	用于转向节的多列浮动触点式同轴度检测装置	ZL 2017 1 0885570.7	实用新型
40	汽车转向节固定夹具	ZL 2019 2 0480644.3	实用新型
41	一种转向节孔夹具	ZL 2018 2 1795385.5	实用新型
42	铝合金锻件冷热联合切边工艺	ZL 2018 1 0470700.5	发明
43	复杂空间曲面点式移动感应加热淬火装置及方法	ZL 2011 1 0026684.9	发明
44	复杂多空洞区域的路径规划填充方法	ZL 2018 1 0614649.0	发明
45	与转向臂一体化成型的汽车转向节及其加工工艺	ZL 2017 1 0885583.4	发明
46	差速器壳锻造盲孔再冲孔工艺	ZL 2018 1 0914244.9	发明

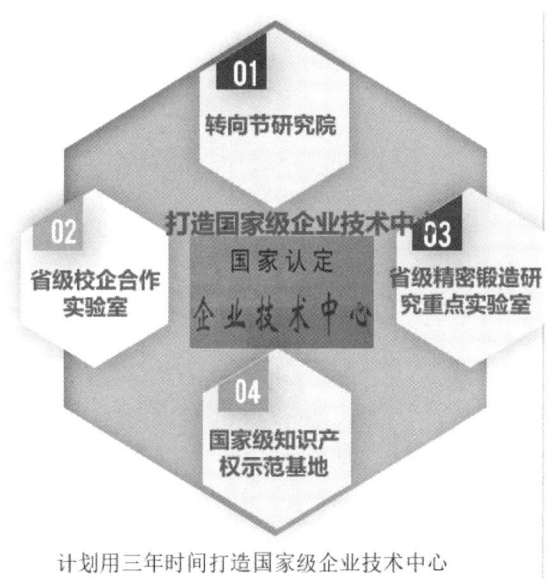

计划用三年时间打造国家级企业技术中心

图 4-8　公司未来三年规划

4.1.8　装备能力

公司具有模具加工生产线、锻造生产线、热处理生产线、产品机加生产线、清洗、涂漆、包装生产线。图 4-9~图 4-15 所示为模具加工车间、部分生产线和一些加工、测量设备。

图 4-9　模具加工车间

图 4-10 16T 电液锤生产线　　　　图 4-11 6300T 压力机生产线

图 4-12 23 条产品机加生产线

图 4-13　德国 Heller 卧式加工中心

图 4-14　日本森精机卧式加工中心

图 4-15　三坐标测量仪

4.1.9　近几年主要荣誉和成果

专利 168 项：申报并获批专利技术 168 项，其中发明专利 30 项；

标准 27 项：主持和参与起草制定标准 27 项，其中国家标准 9 项、行业标准 3 项、企业标准 5 项；

优秀供应商：多次被戴姆勒奔驰、东风德纳、陕西汉德等公司授予"优秀供应商"称号；

唯一供应商：公司是东风、陕汽、北方奔驰公司军车、出口车和客车用转向节产品唯一供应商，是郑州宇通客车用转向节唯一供应商；

国际商标：公司"东银"牌商标顺利完成了马德里国际商标注册，为公司产品参与国际市场竞争提供了品牌支撑；

中国驰名商标：公司"东银"牌商标申报了中国驰名商标认定，现已通过材料审批；

两化融合：公司建立了以 SAP、MES 和 PLM 为主的信息化系统，正在进行两化融合体系贯标；

智能制造项目成功验收：公司被国家工信部认定为首批智能制造专项，并以 92.5 的高分通过项目验收，被湖北省认定为智能制造示范单位；

产品全生命周期大数据应用管理平台：2017 年，公司申报"面向汽车零部件锻造行业的产品全生命周期大数据应用管理平台"项目，荣获工业和信息化部 2017 年制造业与互联网融合发展试点示范项目；

管理创新成果：公司连续三届荣获国家级管理创新成果二等奖，2018 年获全国一等奖；

全国单项冠军：公司被湖北省经信委评为"首批支柱产业细分领域隐形冠军示范企业"，2019 年获全国单项冠军；

双创平台：公司的"三环锻造创客平台"项目成功入选"2017 年湖北省基于互联网的制造业'双创'平台（企业）试点示范项目"。

图 4-16~图 4-47 所示为公司认定、认证等证书。

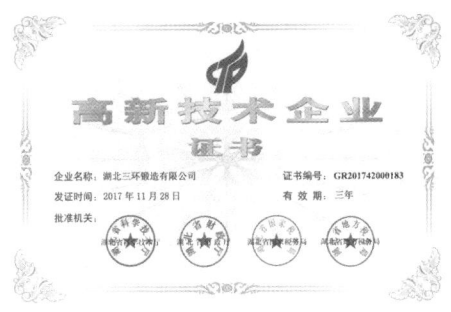

图 4-16　高新技术企业

图 4-18　湖北省精密锻造工程技术研究中心

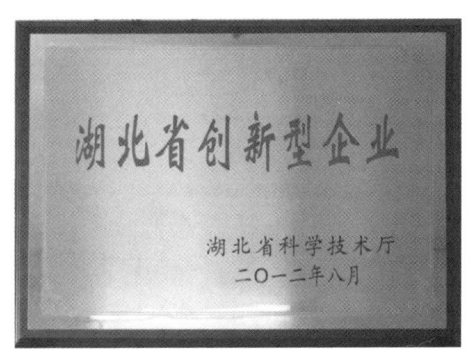

图 4-17　湖北省认定企业技术中心

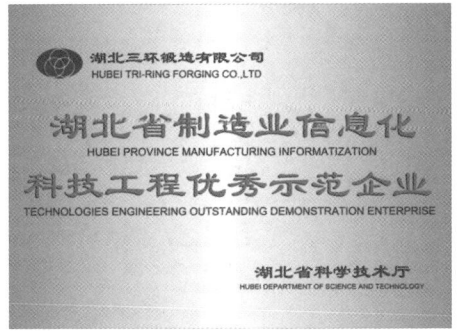

图 4-20　湖北省制造业信息化科技工程
　　　　 优秀示范企业

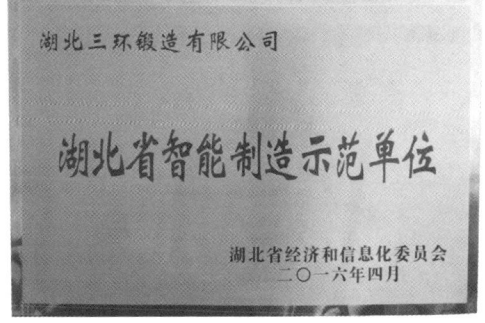

图 4-19　湖北省创新型企业

图 4-21　湖北省智能制造示范单位

图 4-22 2017 年制造业与互联网融合发展工业大数据服务平台试点示范企业

图 4-23 中国驰名商标

图 4-24 湖北省第七届长江质量奖

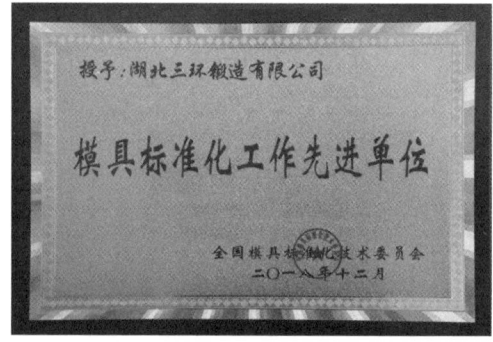

图 4-25 模具标准化工作先进单位

图 4-26 2018 年度模范院士专家工作站

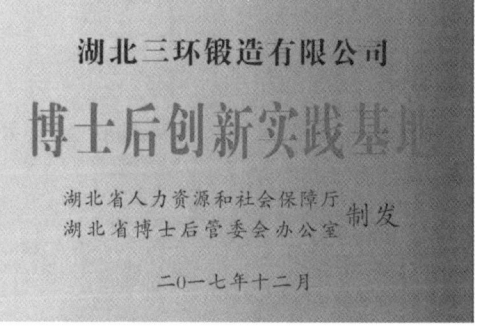

图 4-27 博士后创新实践基地

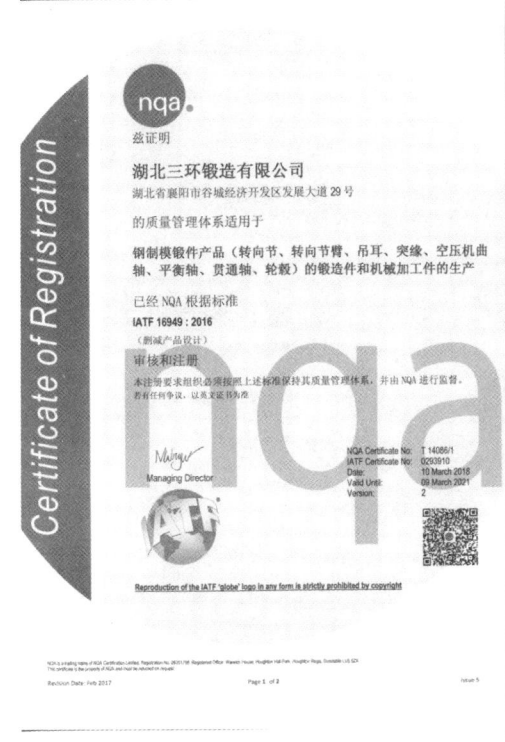

图 4-28　IATF 16949 证书

图 4-29　职业健康安全管理体系认证证书

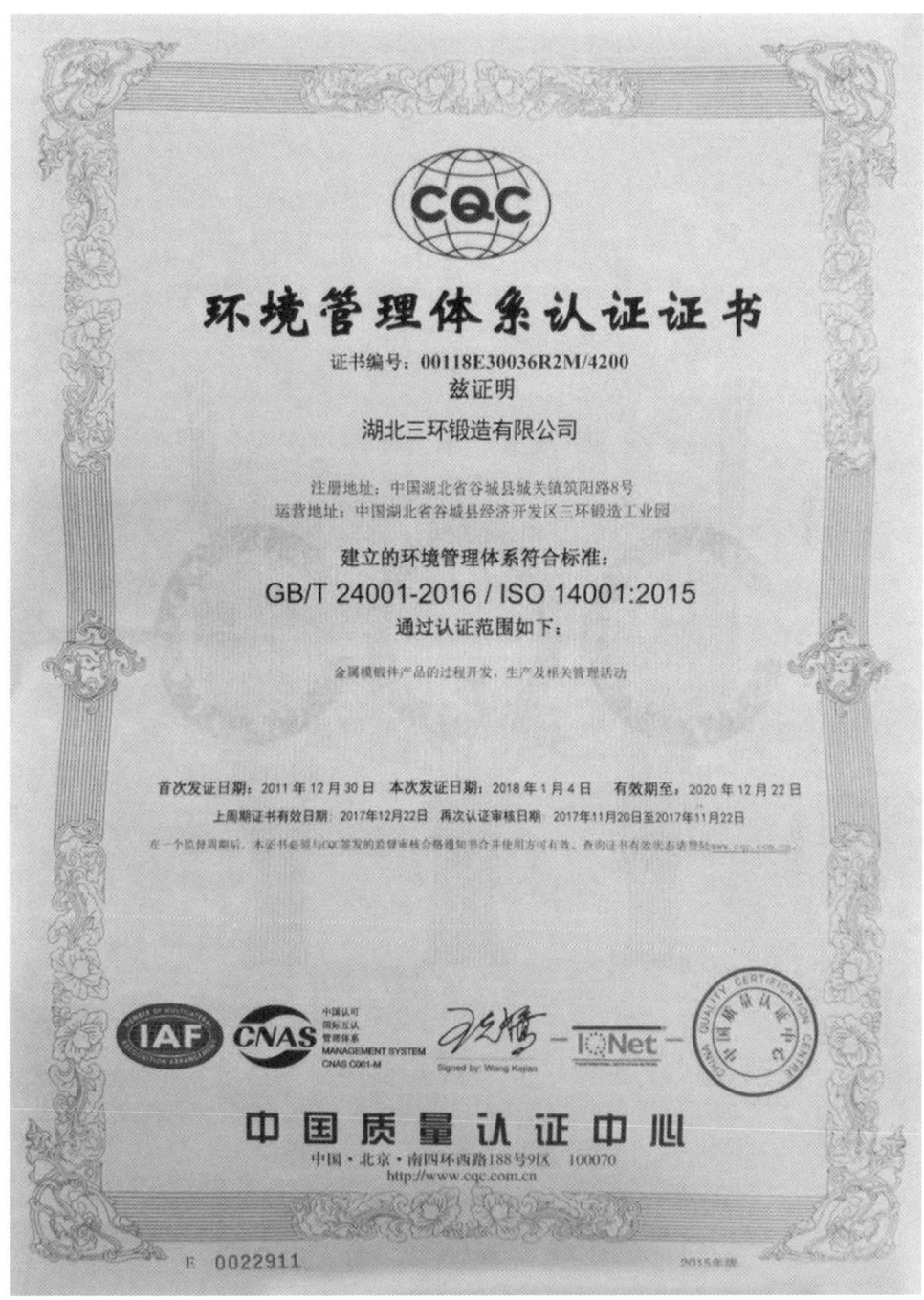

图 4-30　环境管理体系认证证书

图 4-31 知识产权管理体系认证证书

Herstellerbezogene Produktqualifikation
für Schienenfahrzeugteile
Zertifikat-Registrier-Nr.: 4932019

Hersteller

HUBEI TRI RING FORGING Co., Ltd.
NO. 8 Zhuyang Road, Chengguan Town,
Gucheng County, Hubei Province
441700
P.R. China

Geltungsbereich

Produktgruppe (PG)/Produkt	Fertigungsschritte	Werkstoffgruppen (WG)
PG 11: allgemeine Bauteile: Pendel für Drehmomentstütze siehe Rückseite	Warmformgebung Wärmebehandlung	WG S1 Baustahl EN 10025 WG S2 unlegierte Vergütungsstahl ISO 683-1 WG S2 unlegierte Vergütungsstahl ISO 683-1

Bemerkungen: keine

Verwendetes Herstellerzeichen

Grundlagen der Qualifikation:
- Bewertung der Fertigungsschritte und Prüfeinrichtungen am: 22.03.2018
- Prüfberichte: TRI RING HSD04ZJ-08A vom 31.03.2018; Nationales Inspection Center of Products for Railway-Hunan W 2018126150 vom 25.12.2018; CRRC Qishuyan Institut LTD. Changzhou 2019-MTY-10009 vom 11.10.2019
- Abschlussbericht Nr.: 062/04589/17 vom 06.11.2019

Einschränkungen
- nur gültig im Zusammenhang mit dem Schreiben FS.EF42.HPQ vom 20.12.2019

Geltungsdauer: **Januar 2021**

Deutsche Bahn AG
Qualitätssicherung Beschaffung Schienenfahrzeuge und Schienenfahrzeugteile
Produktqualifikationen FS.EF 42(1)

Berlin, den 20.12.2019

i. V.
S. Loose

i. A.
M. Burghardt

图 4-32　德国铁路（DB）标准认证

图 4-33 戴姆勒奔驰审核认证

图 4-34 企业管理现代化创新成果一等奖

第二十四届国家级
企业管理现代化创新成果

证　书

成果名称：以智能制造为目标的汽车锻件
　　　　　　质量追溯管理

成果等级：二等

创造单位：湖北三环锻造有限公司

全国企业管理现代化创新成果审定委员会
二〇一七年十二月二十九日

证书号：GC201802177

图 4-35　企业管理现代化创新成果二等奖

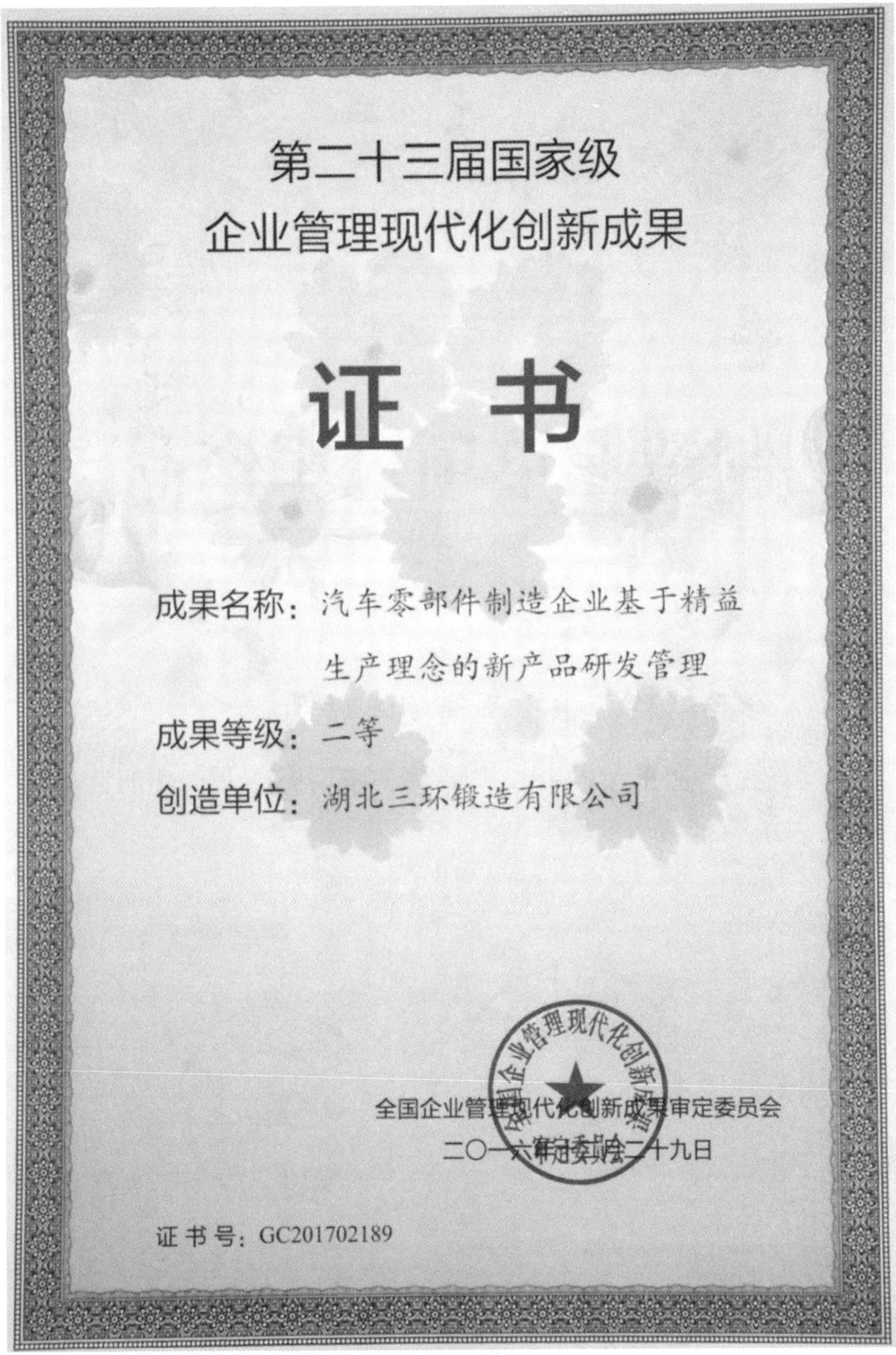

图 4-36　企业管理现代化创新成果二等奖

图 4-37 制造业单项冠军产品证书

图 4-38 湖北省支柱产业细分领域隐形冠军示范企业

图 4-39　中国机械工业联合会科技进步一等奖、技术发明二等奖

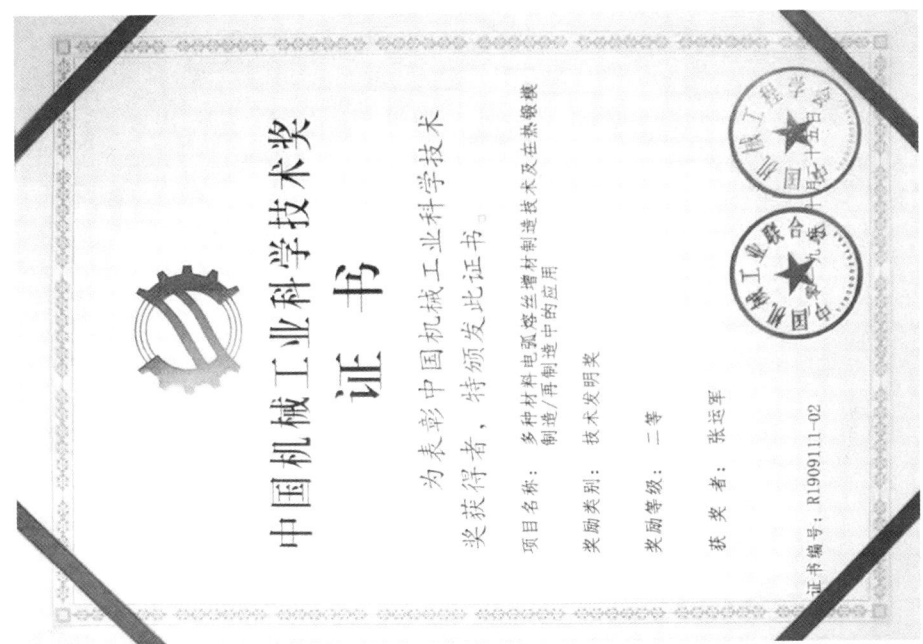
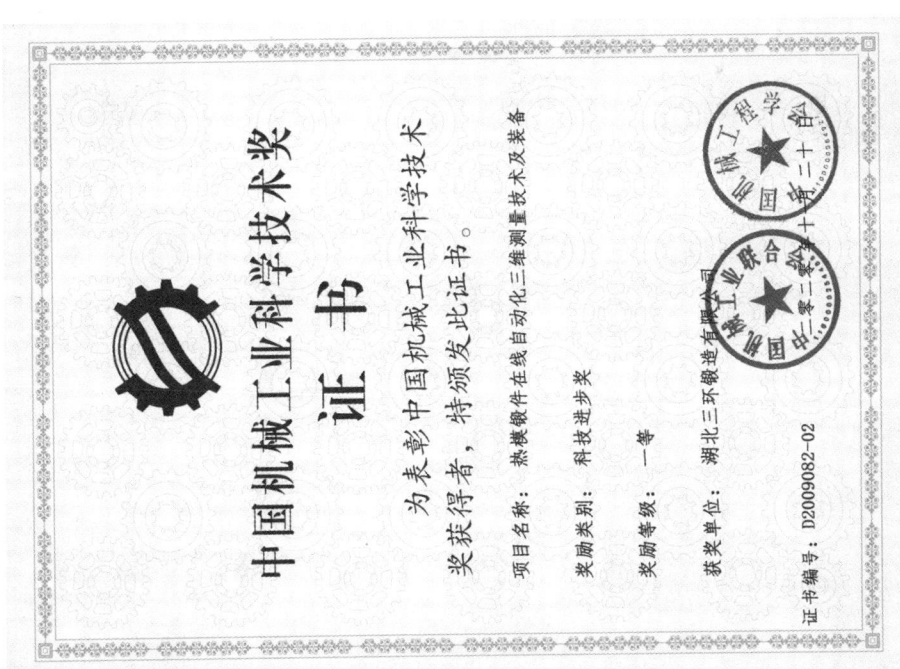

图 4-40　湖北省科技进步一等奖

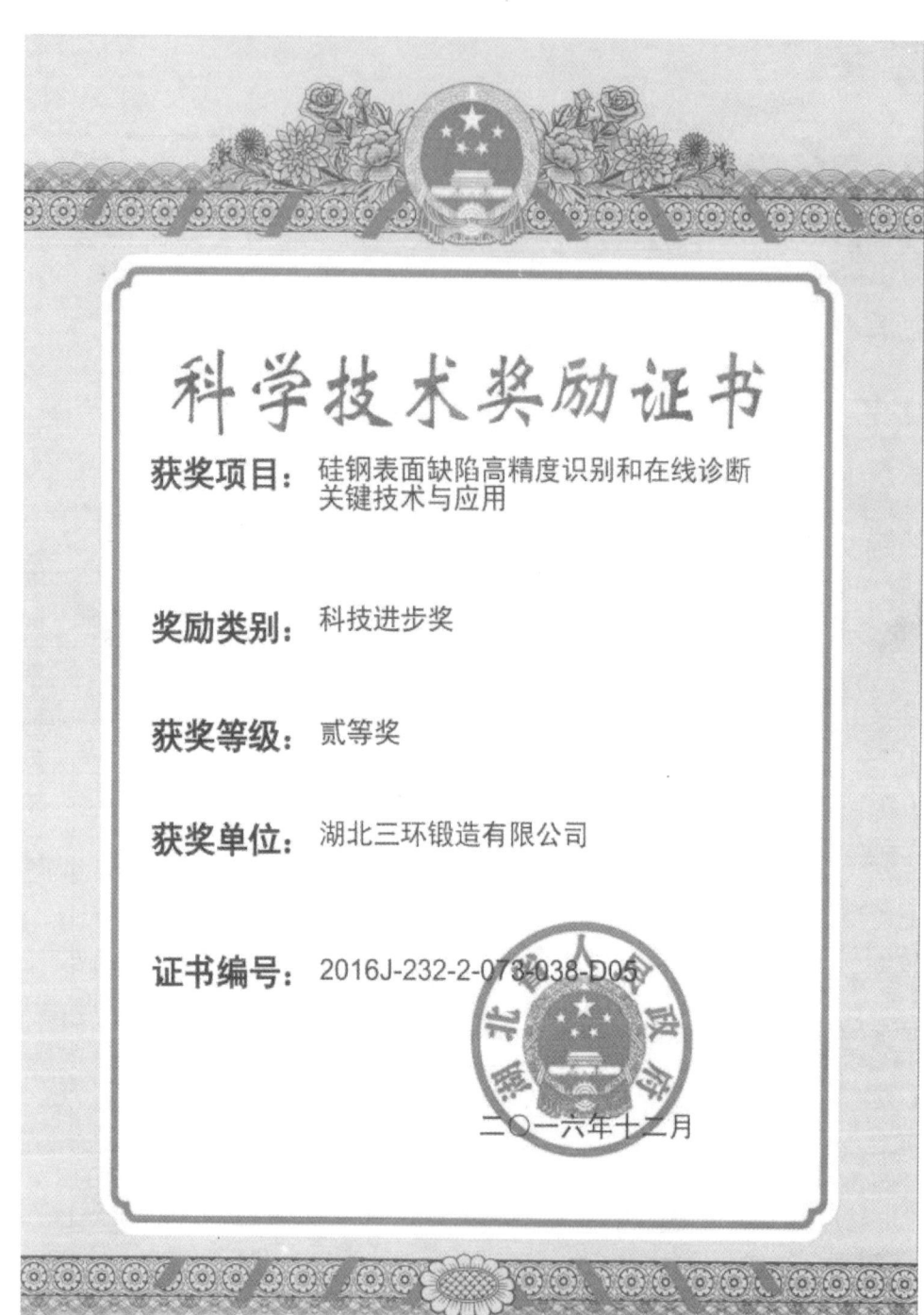

图 4-41　湖北省科技进步二等奖

图 4-42　湖北省科技成果证书

湖北省
科技成果登记证书

（副本）

科技成果名称：硅钢表面缺陷高精度识别和在线诊断关键技术与应用

完成单位： 湖北第二师范学院
　　　　　 江苏沙钢集团有限公司
　　　　　 中国地质大学（武汉）
　　　　　 武汉工程科技学院
　　　　　 湖北三环锻造有限公司

主要完成人员： 甘胜丰　孙　林　王典洪　杨　莉
　　　　　　　 陈少慧　雷维新　李亚敏　张晓兵
　　　　　　　 邹星禄　陈　刚　胡罗凯　张运军
　　　　　　　 鲁　静　郭德福　郭星锋　杨　帆

登记号： EK2016A010143000441
登记机构： 湖北省科学技术厅

此证依据《湖北省科学技术成果登记与统计工作管理办法》颁发。

二〇一六年四月十四日

0EXW14SK1458103107474

图 4-43　湖北省科技成果登记证书

图 4-44 第七届国际发明展览会银奖

图 4-45 第七届国际发明展览会金奖

图 4-46　第二十一届全国发明展览会铜奖

图 4-47 戴姆勒全球优秀供应商

4.1.10 公司企业文化及未来规划

1. 企业文化

（1）**使命** 致力于提供安全、优质、绿色的锻件产品；公司秉承用户至上的原则，通过管理创新、技术创新、节能环保、质量稳定可靠、服务满意的运营体系，以对消费者、主机厂和社会负责的态度，为用户提供安全、优质、绿色的锻件产品。

（2）**愿景** 锻造全球转向节行业领导品牌；公司致力于汽车转向节的研发设计和生产制造，稳为国内重卡转向节第一品牌，到 2050 年成为全球转向节行业的领导品牌。

（3）**价值观**　诚信、务实、创新。

诚信——信守承诺，善待顾客、员工、供应商、合作伙伴，回馈社会、感恩股东。

务实——脚踏实地、令出必行、日事日毕、日清日高。

创新——不断学习、锐意进取、持续改进、追求卓越。

2. 未来规划

公司"十四五"战略定位：增动能、塑品牌，坚持创新，追求卓越。

4.2　实习内容和计划

4.2.1　实习的目的

通过工程认知实践环节的学习，力争达到以下目的：

（1）让学生了解到汽车主要零部件的智能锻造、机械加工、热处理、装配、检验、喷漆等工艺流程。

（2）让学生了解工艺设备的基本结构和工作原理，了解机床动力源、传动系统等结构和工作原理。

（3）让学生了解工件在夹具上的定位、夹紧原理，了解夹具、刀具、辅具及检具的结构、原理和使用方法。

（4）使学生切实了解和掌握机械工程基本的生产实践知识，在实践中认识机械、热爱机械，并为后续专业课程的学习打下基础。

（5）培养并提高学生在生产实践中调查研究、观察问题的能力以及理论联系实际、解决工程实际问题的能力。

（6）让学生通过工厂技术人员的专题报告来了解工程思维方式、理念以及产品生产的背景和工厂的发展简史。

（7）通过书写实习总结，提高学生的文字表达能力和绘图表达能力以及概括能力。

（8）通过生产实习，加深学生对机械制造专业在国民经济中所处地位和作用的认识，巩固专业思想，激发学生为振兴我国汽车制造业而勤奋学习的热情，增强学生的集体团队观点、劳动观点和对社会主义建设事业的责任心和使命感。

通过生产实习，把所学过的理论知识加以印证、深化、巩固、充实，使学生所学的知识得到升华；拓宽学生的专业视野，把所学知识感性化、立体化、实用化；培养学生分析、解决工程实际问题的能力。

4.2.2 实习分类及安排

一般来说，应用学科生产实习的目的在于使学生熟悉生产实际情况、积累经验、掌握生产技术，因而次数较多、时间较长。理论学科生产实习的目的在于了解生产实际的一般情况，验证所学理论，并学习一定的操作技术，因而次数较少、时间较短。高等学校工科专业的生产实习体系比较完整。

1. 认识实习

认识实习的目的在于通过见习、参观、访问等形式，了解本专业企业的生产、管理、服务第一线的局部或全面情况，增加感性认识，提高对所学专业的理解；巩固、印证已学过的课程内容，为进一步学习专业课做好准备。认识实习安排计划见表4-4。

表4-4 认识实习安排计划

时 间	学 习 内 容	学习方式
第一天上午	安全教育培训及企业介绍	讲授
第一天下午	锻造生产流程及热处理生产认识	讲授 参观
第二天	模具及3D打印生产线认识	讲授 参观
第三天	机械加工生产线认识	讲授 参观
第四天	涂装工艺	讲授 参观
第五天	装配工艺	讲授 参观
第六天上午	质检及实验中心	讲授 参观

2. 生产实习

生产实习是贯彻理论联系实际原则的好办法。学生以实际工作者的身份直接参与生产过程，既可运用已有的知识技能完成一定的生产任务；又可学习实际生产技术知识或管理知识，掌握生产技能或培养管理能力，并且通过实习巩固、丰富与提高理论知识。参加生产实习是对学生进行思想政治和道德品质教育的有效途径。在生产实习中，可以具体生动地对学生进行劳动观点、爱护公共财物、组织性、纪律性、职业道德等教育。参加生产实习还是检验教学质量的重要手段。通过生产实习，可以对学生专业知识、技能的实际水平，为社会主义建设服务的专业思想，社会主义劳动纪律与职业道德，以及教师的教学效果和思想工作，进行一次综合性的社会检验。生产实习安排计划见表4-5。

表4-5　生产实习安排计划

时　间	学　习　内　容	学习方式
第一天	安全教育培训及企业介绍	讲授
第二、三天	热成型工艺介绍	讲授　参观
第四、五天	锻造生产及热处理生产认识	讲授　参观
第六天	焊接工艺	讲授　参观
第七、八天	模具及3D打印生产线认识	讲授　参观
第九、十天	汽车制造加工工艺	讲授　参观
第十一、十二天	机械加工生产线认识	讲授　参观
第十三天	质量及检测工艺	讲授　参观
第十四、十五天	质检及实验中心	讲授　参观
第十六、十七天	涂装工艺	讲授　参观
第十八、十九天	装配工艺	讲授　参观
第二十、二十一天	考核	

3. 顶岗生产实习

顶岗生产实习的目的在于通过在实习单位接受岗位实务训练，将专业课基础理论、基本知识和基本技能运用到实际工作中去，从而熟练掌握该专业的基本操作技能，获得综合的专业操作技能和实际工作经验。顶岗生产实习安排见表4-6。

表4-6　顶岗生产实习安排

时　间	学　习　内　容	学习方式
1天	安全教育培训及企业介绍	讲授
3天	热成型工艺介绍	讲授　参观
3天	汽车制造加工工艺	讲授　参观
2天	焊接工艺	讲授　参观
3天	质量及检测工艺	讲授　参观
5天	锻造生产线	讲授　参观
5天	模具及3D打印生产线	讲授　参观
4天	热处理生产线	讲授　参观
4天	机械加工生产线	讲授　参观

续表

时 间	学 习 内 容	学习方式
4天	质检及实验中心	讲授　参观
2天	涂装工艺	讲授　参观
2天	装配工艺	讲授　参观
10~15天	实操	现场
2天	考核总结	

4. 毕业实习和毕业设计

毕业实习的目的在于使学生独立运用专业技能知识完成岗位工作，把握和解决实际问题，提高工作能力，巩固所学知识，培养爱岗敬业的职业品质；同时扩大知识范围，结合生产实际，深入研究实习报告的内容，收集所需要的资料。

毕业设计的目的在于培养和提高学生理论联系实际、分析问题、解决问题的综合能力，强化学生综合职业能力，做好上岗的过渡准备；综合检验学生学习效果，为学生就业提供机遇、创造条件。

5. 项目实习

为进一步培养学生创新能力，将科研课题与学生能力培养相融合。指导学生开展科学研究、撰写科技论文、申报专利，培养学生采用科学方法研究相对复杂的问题，设计实验、分析数据、通过信息综合得出合理的结论。在科研的带动下，学生进入企业学习，理论联系实际，将科研的思维方法及成果融入教学中，使学生体会科研过程，极大地促进了学生参与科研的积极性。

4.2.3　部分实习指导书

1. 公司智能制造项目

目的：了解智能制造基本概念，熟悉《中国制造 2025》，了解公司智能制造项目。

学习方式：资料宣讲＋参观实习。

背景资料：

2015 年 6 月，国家工业和信息化部公示了 2015 年智能制造专项项目名录，全国共有 94 家公司、研究机构的 94 个项目入选首批试点示范。其中，湖北省仅有两个项目获得通过，公司智能制造项目光荣上榜。

智能制造是基于新一代信息通信技术的新型制造模式，是新一轮产业变革的核心驱动力，是《中国制造2025》确定的抢占未来产业竞争制高点的主攻方向。大力发展智能制造，不仅是加快制造业转型升级的有效途径，也是打造信息化背景下制造业新优势的重要着力点。为加快推动智能制造发展，工业和信息化部、财政部决定于2015年起联合组织实施智能制造专项，在基础条件好、需求迫切的重点地区、行业和企业中选择试点示范项目。

信息化时代就是信息产生价值的时代。获得信息后，公司快速反应，以正在建设的三环（谷城）工业园精密锻造中心为基础，进行智能制造新模式的应用。建设内容包括4000t、6300t、8000t四条机器人自动化锻造生产线、热处理生产线、机加工自动化生产线（两条）、模具加工车间、成品库，建成涵盖产品的研发设计、生产制造、企业管理、物流/供应链、客户关系管理等制造企业各个业务领域的精密锻件智能制造新模式。

公司项目基于物联网、信息化与制造业的深度融合，通过增加智能传感器以及各单元信息系统的互联互通，建立信息物理融合系统的网络环境，实现生产过程的设备、原材料、产品、能源等方面的信息采集和集成，从而形成智能的车间环境，最终实现运营成本降低20%以上，生产效率提高20%以上，产品不良品率降低10%以上，能源利用率提高10%以上，产品设计的数字化率达到90%以上，制造过程的数控化率达到80%以上。公司申请3项以上发明专利、登记10项以上软件著作权、形成5项以上企业/行业/国家标准。

根据公司智能制造项目的规划进度，2015年，公司已完成转向节智能机加工生产一线的安装调试工作，全线自动化投产；完成新购进的8000t自动化锻造生产线的安装调试工作；设计完成多目标优化和智能决策的MES的总体硬件、软件架构。

2016年，公司新购进的8000t、6300t、4000t自动化锻造生产线（含热处理）全线投产，实现生产过程智能在线感知和智能决策与控制，具备能源优化、智能调度与排产及全流程精确质量追溯的MES投入运行；复杂锻件的三维模具设计、成型过程仿真及优化、生产工艺及工程控制的软件投入使用；勾画出以产品需求、研发设计为主线，并横向扩展，纳入相关辅助信息、管理要求等内容的路线节点拓扑关系图谱。

2017年，公司完成企业原有6300t压力机生产线改造工程，建立智能化车间新模式，全面完成智能制造项目指标。

图4-48所示为工厂三维模拟，图4-49所示为智能锻造全生命周期管理。

图 4-48　工厂三维模拟

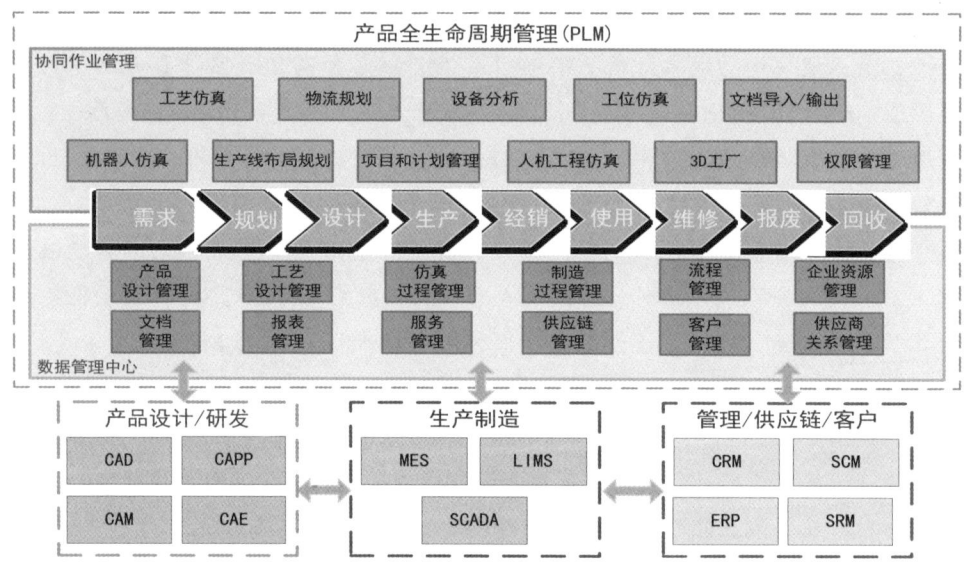

图 4-49　智能锻造全生命周期管理

2. 德国进口 8000t 智能锻造生产线

目的： 了解热成型的工艺流程，了解锻造成型的工艺过程，熟悉热处理方式。

学习方式： 视频 + 实地参观。

背景资料：

历经 5 个多月的不懈努力，公司 8000t 智能锻造生产线安装调试项目顺利完成，并于 2016 年 3 月 24 日下午成功完成首件锻打，现已正式投产。这是继机加车间转向节智能生产线之后的又一高智能化锻造生产线，标志着公司"调结构、上水平、国际化"发展战略又迈出重要一步。

8000t 智能锻造生产线汇集各种创新改进方案于一体。

一是设备优化。选用具有国际先进水平的 8000t 电动螺旋压力机，配备 4 台机器人实现自动化生产，下料、中频加热、锻造、切边、校正、调质设备高端配置。

8000t 电动螺旋压力机，打击能量可精确设置，成型精度高，锻件公差小，节约原材料；模具采用模架承压，可大大减轻模具负荷，延长模具寿命；采用变频驱动，进一步降低设备能耗；实际负荷值能方便地进行自动调节，使用安全可靠。

二是合理布局。设备的平面布置力求做到工艺路线合理、物流通畅、减少或避免迂回。从下料、加热、模锻、热处理、抛丸、探伤、检验，全线一气呵成，提高生产效率。采用机器人连线自动化生产方式，与前期相比可减少 15 名操作人员，极大地节省了时间、人力和物力。

三是工艺提升。利用公司自主发明专利"转向节闭式锻造工艺"，在电动直驱螺旋压力机上锻造汽车转向节，提供了一种锻造工步少、模具投入少、材料利用率高、生产效率高的生产方式。本项目的实施，对企业提高市场竞争力和可持续发展具有重要意义。通过技术进步和产业升级，进一步提高了产品工艺水平和质量档次，将为开拓新的产品领域、扩大市场占有率夯实根基。

图 4-50 所示为锻造工艺，图 4-51 所示为热处理生产线。

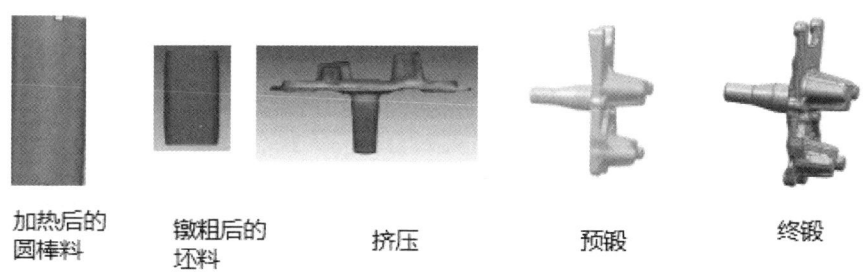

图 4-50 锻造工艺

图 4-51　热处理生产线

3. 模具 3D 打印增材焊补技术简介

目的：了解增材制造的基本概念，熟悉锻造模具结构及优化，了解锻造模具 3D 打印增材焊补工艺。

学习方式：讲解+Deform 软件仿真+参观。

背景资料：

为提升自主创新能力，推进智能制造项目建设，整合制造、设计材料等资源，促进产业结构调整升级，公司从意大利引进了"3D 打印增材焊补智能机器人"先进设备，并请来俄罗斯工程师谢尔盖先生、意大利专家卢卡先生与法比奥先生分别从计算机软件编程操作应用与现场安装、调试、焊接等实际操作两个方面进行相关内容培训。

锻造模具 3D 打印增材焊补工艺是通过清理型腔、扫描建模、增材修复、精确修复等步骤，获得目标型腔。焊接过程由焊接机器人根据扫描建模后得到的编程数据自动进行，焊接精度可靠，提高模具修复的工作效率。

公司正在进行智能制造试点示范企业的建设，而锻造模具增材焊接 3D 打印工艺将助推企业技术创新升级，为公司实现模具焊补修复智能化打下良好的基础，并产生良好的经济效益，引领行业模具焊补修复发展新模式。

4. 铝合金转向节生产工艺

目的：了解汽车零部件轻量化的几种方式，熟悉铝合金材料的特性，了解铝合金锻造的特点及成型方式。

学习方式：讲座+参观+视频。

背景资料：

发达国家铝消费量的18%应用于汽车工业，平均每辆汽车用铝180kg，铝化率达15%。我国目前汽车的平均用铝量仅为75kg/辆左右，铝化率不到8%，差距比较大。

按《2016—2020年乘用车燃料消耗量标准》，从2016年到2020年，国家工信部为当年生产乘用车设立的平均油耗目标分别为百公里6.7L、6.4L、6L、5.5L和5L。

图4-52所示为转向节生产工艺。

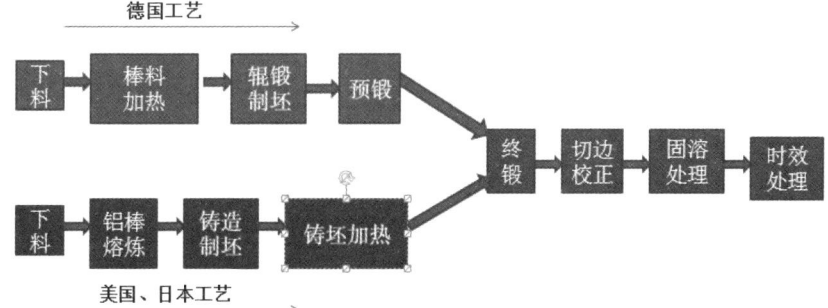

图4-52 转向节生产工艺

4.2.4 转向节锻件通用技术条件

1. 转向节锻件的材料

锻件所用材料应符合GB/T 3077—2015的规定；需方对材料有特殊要求时，应以需方要求为准。锻件宜采用40Cr、40MnB、35CrMo和42CrMo等材料制造。

锻件入厂前需检测材料是否合格。图4-53所示为日本岛津光谱仪，图4-54所示为钢材检验合格报告。

图4-53 日本岛津光谱仪

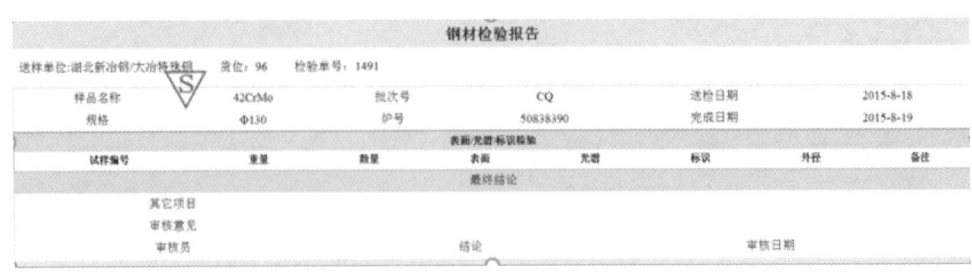

图 4-54 钢材检验合格报告

原材料入库执行定置管理（见图 4-55），严格实行先进先出。

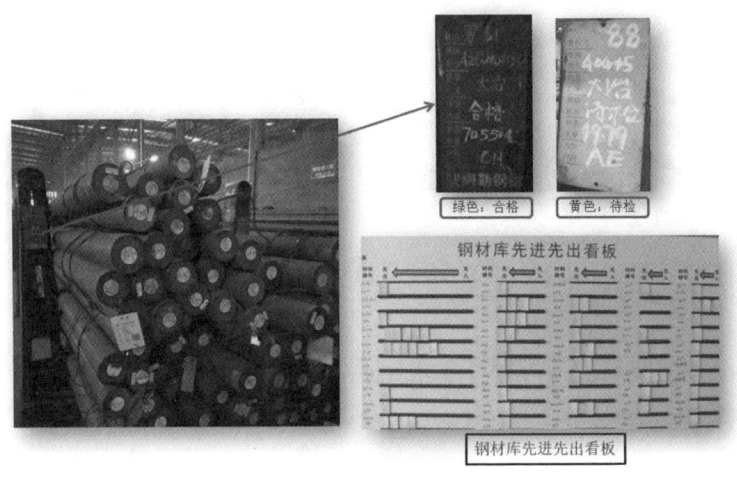

图 4-55 定置管理

2. 转向节锻件通用的尺寸设计要求

长短耳内外侧、盘部、杆部的模锻斜度如图 4-56 所示，应符合表 4-7 所示的要求；模锻斜度的公差应按 GB/T 12362—2016 中的普通级确定。

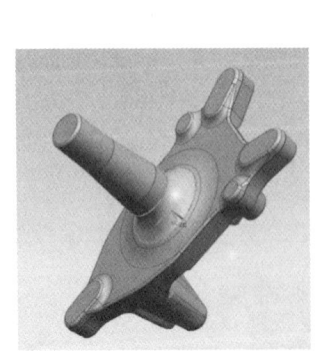 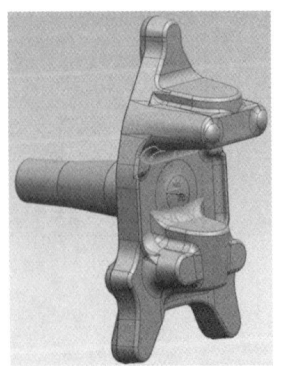

图 4-56 转向节的模锻斜度

表 4-7 锻件模锻斜度

模锻斜度对应单侧型腔长度 L/mm	模锻斜度 / (°)		
	α	β	γ
L≤30	3	1～3	1.5～3
30<L≤50	5		
L>50	7		

注：α 为转向节盘部模锻斜度，β 为转向节杆部模锻斜度，γ 为转向节两耳部位拔模斜度。

为保证金属拥有更好的流动性，一般要求盘部与杆部连接处的圆角半径不小于 15mm，长短耳与盘部连接处的圆角半径不小于 10mm。

3. 转向节锻件的金属流线要求

在锻造生产时，金属的脆性杂质被打碎，顺着金属的主要伸长方向呈碎粒状或者链状分布；塑性杂质随着金属变形沿主要伸长方向呈带状分布，这样锻后的金属组织就具有一定的方向性。良好的流线可以使锻件力学性能更好；相反，如果流线有重大缺陷，如乱流、穿流等现象出现，会影响锻件力学性能。图 4-57 所示为转向节锻件金属流动速率有限元分析结果，图 4-58 所示为转向节锻件金属流线。

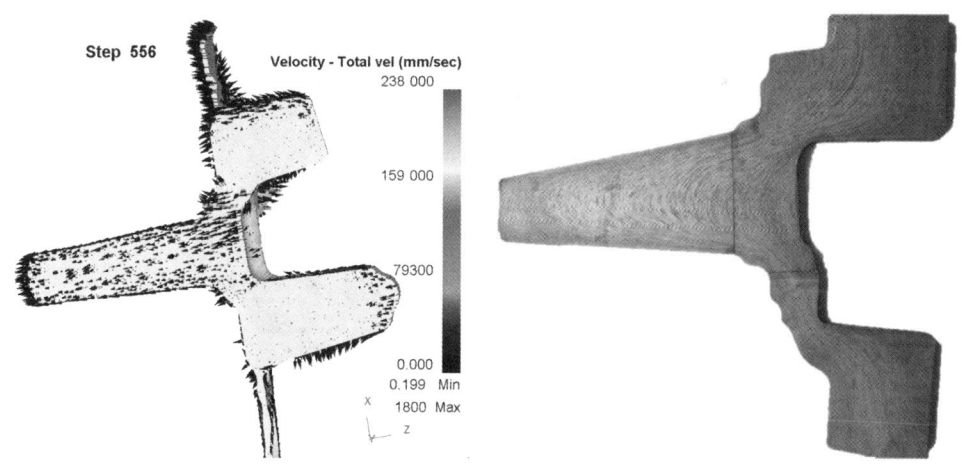

图 4-57 转向节锻件金属流动速率有限元分析结果　图 4-58 转向节锻件金属流线

4. 转向节锻件的探伤要求

转向节锻件必须进行表面探伤，且表面不得有探伤裂纹。

（1）锻件经磁粉探伤，表面应无裂缝状磁痕、独立分散状磁痕、连续状磁痕等探伤缺陷。

（2）锻件剩磁不大于 5GS。

（3）锻件表面质量应符合 GB/T 12361—2016 的规定。

图 4-59 所示为转向节锻件自动化探伤生产线，图 4-60 所示为荧光灯下的探伤裂纹。

图 4-59 转向节锻件自动化探伤生产线　　　图 4-60 荧光灯下的探伤裂纹

5. 转向节锻件的高倍组织检测

转向节锻件的高倍组织检验设备——金相显微镜如图 4-61 所示。图 4-62 所示为显微镜下一些实际的金相组织照片。

图 4-61 检验设备——金相显微镜

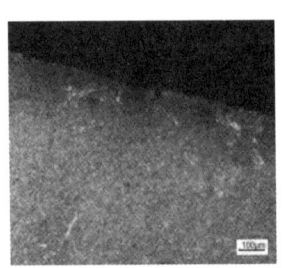

➢ 技术要求：完全脱碳≤0.2
　　　　　部分脱碳≤0.4

➢ 图示结果：脱碳层深度为0

图 4-62 显微镜下一些实际的金相组织照片

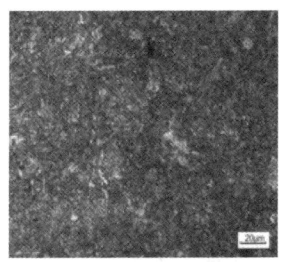

➤ 技术要求：金相组织1~4级

➤ 图示结果：3级

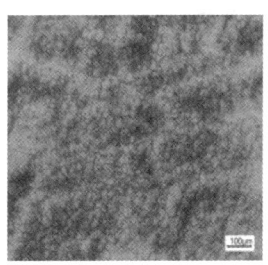

➤ 技术要求：晶粒度不粗于5级

➤ 图示结果：7级

图 4-62（续）

6. 转向节锻件的力学性能检测

某转向节锻件的力学性能要求、检验标准及检验结果见表4-8。图4-63和图4-64所示为常用的检测用试验机。

表4-8 转向节锻件的技术要求标准及一些试验数据

执行标准					GB/T 228.1 GB/T 229		
序号	技术要求	试验频次	试样数量	特殊特性	试验数据	判 定	
						合格	不合格
1	抗拉强度 /MPa 1030~1180	1件/批	1		1057	√	
2	屈服强度 /MPa ≥825	1件/批	1		946	√	
3	伸长率 A/% ≥11	1件/批	1	DS4	16	√	
4	断面收缩率 z/% ≥42	1件/批	1		56	√	
5	冲击功/（kV/J）≥40	1件/批	3		78 75 82	√	
6	硬度 HBS 304~350	1件/批	1	◇9	305	√	

图 4-63 万能性能试验机

注：检验项为抗拉强度、屈服强度、伸长率、断面收缩率。

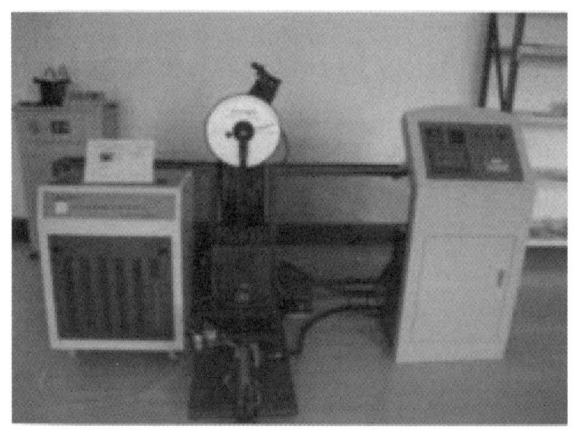

图 4-64 冲击性能试验机

注：检验项为冲击功。

7. 转向节锻件的油漆

防锈要求：需方防锈要求为涂漆时，漆膜应符合 QC/T 484—1999 中涂层代号 TQ6 的规定。

（1）油漆涂层不应有流挂、漏涂现象。

（2）油漆涂层的漆膜厚度 $\geqslant 40\mu m$。

（3）油漆涂层的附着力 $\leqslant 1$ 级。

（4）油漆涂层的耐盐雾试验 $\geqslant 150h$。

图 4-65~图 4-68 所示为油漆相应的生产线、试验机、检测仪和标尺。

图 4-65　油漆烘干生产线

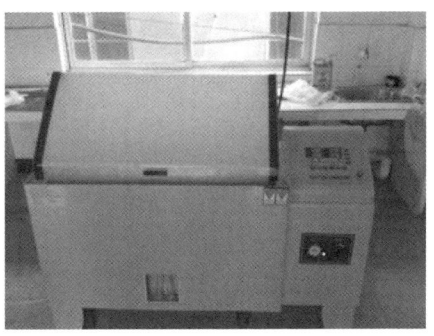
图 4-66　盐雾试验机

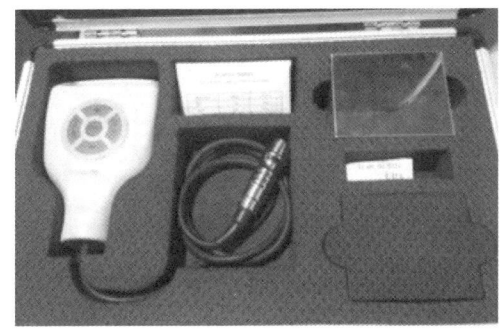
图 4-67　漆膜厚度检测仪

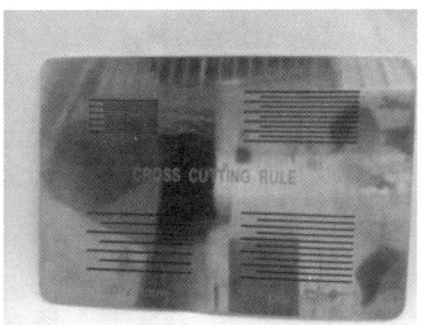
图 4-68　划格标尺

8. 转向节锻件的包装、防锈与标志

见图 4-69~图 4-72。

图 4-69　防磕碰纸制隔板

图 4-70　产品整齐码放

图 4-71　VCI 防锈袋密封　　　　　　图 4-72　发货标志

4.3　基地管理办法

4.3.1　实习实训基地管理办法

为了加快校外实习实训基地建设，加强产学研结合，进一步提高学生的实际操作技能，促使教学、科研全面提升，带动招生、就业良性循环，适应地方经济社会建设发展需要，结合学校实际情况，特制定本管理办法。

第一章　总　　则

第一条　校外实习实训基地是指企业、事业、社会团体、政府部门等各级各类单位与学校共同建立的学生实习实训、教师挂职锻炼及从事科研活动的场所，是实现学校培养目标的重要条件；双方在人才培养、实践教学、科研、技术服务与合作、培训、文化等环节或领域开展全面合作。

第二条　校外实习实训基地的教学必须全面贯彻党和国家的教育方针，遵循教育、教学的基本规律，努力培养学生的专业基本能力、基本技能和职业素质，不断提高教学质量及教学水平。

第三条　校外实习实训基地的建设要按照统筹规划、互惠互利、合理设置、全面开放和资源共享的原则，尽可能争取和专业有关的企事业单位合作，使学生在实际的职业环境中进行实习实训，培养学生岗位能力，努力提高办学的社会效益与经济效益。

第二章　建立校外实习实训基地的基本条件和要求

第四条　校企合作关系紧密，能与"产、学、研"一体化相结合。能满足学校完成实习实训教学任务的要求，具备先进的生产手段、技术装备和科学的经营管理方式，拥有一支素质较高的技术人员和职工队伍。

第五条 能承担我校职业技术技能培训等部分实践教学任务，能接受我校有关专业一定数量的教师与学生开展实习实训，按照专业人才培养方案的要求提供场地和实习实训指导人员，并能满足实习学生食宿、学习、劳动保护、卫生和酬金等方面的条件。

第三章　学校与校外实习实训基地合作形式

第六条 学校为校外实习实训基地开设各种类型的非学历教育，在人才培训、委托培养、课程进修、技术咨询服务、信息交流、成果转化等方面对校外实习实训基地优先给予支持。

第七条 校外实习实训基地可向学校投资或捐资（捐物）参与办学，参与相关专业建设与指导，选派技术专家来校承担课程教学，单位领导或技术管理人员来校举办学术讲座。

第八条 学校根据人才培养方案要求，制定实习实训指导书和实习实训计划，提前送交校外实习实训基地，并委派责任心强、有实践经验的教师担任实习实训指导教师。参加实习实训的指导教师和学生在实习实训期间必须严格遵守校外实习实训基地的有关规章制度。

第九条 校外实习实训基地批量接受相关专业学生教学实习实训、顶岗实习或毕业实习，接受相关专业教师挂职参与技术与生产管理，成为双师型教师培养场所，使实习实训教学与"产、学、研"一体化相结合，产生经济效益和社会效益。

第十条 开展订单培养，校外实习实训基地参与学校人才培养过程，根据校外实习实训基地用人需求量，学校在国家就业政策许可范围内，征求毕业生本人意见后，优先推荐有关毕业生就业。

第十一条 校外实习实训基地开展科研合作，形成优势互补的科研优势，完成横向课题或共同申报省级纵向课题，并取得实质性成果。

第四章　校外实习实训基地主要任务

第十二条 为学生提供包括基本技能和综合能力两方面的实践环境，使学生在真实环境下进行岗位实践，培养学生解决技术操作中的实际问题，取得实际工作经验。培养团队协作精神、群体沟通技巧、组织管理能力和领导艺术才能等个人综合素质，为学生今后从事各项工作打下良好的基础。

第十三条 通过校外实训基地的各项规章制度及员工日常行为规范等方面进行职业道德培训，培养学生遵纪守法、爱岗敬业的精神。

第十四条 由于校外实训基地是处于正常运转的企事业单位，学生所处的工作环境都是真实环境，实训的项目均应按相关专业学生今后所从事的职业及工作岗位进行设计，使学生能进行职业规范化训练。

第十五条 根据专业培养目标的要求，与学校制定共同专业人才培养方案、实习实训计划。按照科学技术的发展、岗位需求的变化及学生工作岗位的定向，开发新的职业技术技能培训项目与培训内容。

第十六条 承担对"双师型"队伍的培训和开展科研合作等。

第五章 校外实习实训基地的建设组织与管理

第十七条 校外实习实训基地的建设组织与管理实行校院两级管理。校级校外实习实训基地原则上由教务处协助教学系部建设与管理，院级校外实习实训基地一般由各二级学院负责建设与管理。

第十八条 教务处落实和组织实施学校校外实习实训基地规划，对全院各专业校外实习实训基地的工作进行统筹协调，按照示范性院校校外实习实训基地建设的要求，督促与协助各教学系部建立能满足教学需要的校外实习实训基地，组织校外实习实训基地协议的签订、挂牌等。

第十九条 产学研办公室、招生就业处协助和落实校外实习实训单位，积极推动校企合作，配合各二级学院建立校外实习实训基地，为毕业生提供顶岗实习岗位，拓宽学生顶岗实习与就业渠道的信息。

第二十条 各学院必须配有分管校外实习实训基地建设的负责人，并设立专门的秘书岗位(可兼职)。与合作单位联系落实校外实习实训基地建设与管理工作。

4.3.2 安全教育

1.安全生产方针：安全第一、预防为主、综合治理

安全生产方针含义：

安全第一： 是指安全生产是各级人民政府和生产经营单位的头等大事。要重视安全生产，采取一切可能的措施保障员工的安全，努力防止事故的发生。当生产任务与安全发生矛盾时，应先解决安全问题，使生产在确保安全的前提下顺利进行。

预防为主： 是指在实现"安全第一"的各种工作中，做好预防工作是最主要的。它要求人们防患于未然，把事故和职业危害消灭在萌芽状态。

综合治理：是指安全生产必须综合运用法律、经济和行政手段，标本兼治、重在治本，推动要素到位，建立长效机制。

正确理解安全生产方针含义：

（1）坚持"以人为本"的思想。

（2）把预防生产安全事故的发生放在安全生产工作的首位。

（3）坚持综合治理。

2.安全生产相关概念和原则

相关概念：

安全：就是生产过程中不发生工伤事故、职业病、设备或财产损失状况，也就是指人不受伤害，物不受损失。

工伤：也称职业伤害，是指劳动者（职工）在工作或者其他职业活动中因意外事故和职业病造成的伤残和死亡。

工伤保险：又称职业伤害保险，是指劳动者由于工作原因或在工作过程中遭受意外伤害，或接触粉尘、放射线、有毒有害物质等职业危害因素引起的职业病，由国家或社会给负伤、致残以及死亡者生前供养亲属提供必要的物质帮助的一项社会保险制度。

危险有害因素：对人造成伤亡、健康损害、导致疾病或对物造成损坏的因素就是危险有害因素。

按照起因物、引起事故的诱导原因、致害方式等可将危险有害因素分为20类：物体打击、车辆伤害、机械伤害、起重伤害、触电、淹溺、灼烫、火灾、高处坠落、坍塌、冒顶片帮、透水、放炮、火药爆炸、瓦斯爆炸、锅炉爆炸、容器爆炸、其他爆炸、中毒和窒息、其他伤害。

"四不伤害"：是指工人在工作过程中，不伤害自己、不伤害他人、不被他人伤害、保护他人不受伤害。

违章：就是违反安全管理制度、规范、章程，违反安全技术措施及所从事的活动。违章不一定出事故，出事故必是违章造成的。违章是发生事故的起因，事故是违章导致的后果。

"三违"：是违章指挥、违章操作、违反劳动纪律的简称。

特种作业人员：是指其作业的场所、操作的设备、作业内容具有较大的危险性，容易发生伤亡事故或者容易对操作者本人、他人以及周围设施的安全造成重大危害的作业人员。

特种作业人员分类：

应急管理局考核发证的有：电工、焊工（作业内容具有较大的危险性）。

市场监督管理局考核发证的有：厂内机动车辆驾驶人员、起重机械作业人员、电梯操作工、锅炉操作工、压力容器操作工（所操作的设备具有较大的危险性）。

特种作业人员必须要经过专门的培训，取得资格证书，持证上岗。

相关原则：

"三同时"原则：是指新建、改建、扩建的基本建设项目、技术改造项目，其劳动安全卫生设施必须符合国家规定标准，必须与主体工程同时设计、同时施工、同时投入生产和使用。

"五同时"原则：是指企业的生产组织者及领导者在计划、布置、检查、总结、评比生产工作的同时计划、布置、检查、总结、评比安全工作。

"四不放过"原则：是指在调查处理工伤事故时，必须坚持事故原因没有调查清楚不放过，没有采取切实可行的防范措施不放过，事故责任者和群众没有受到教育不放过，事故责任者没有被处理不放过。

3. 主要相关安全生产法律法规

《**中华人民共和国宪法**》：是安全生产法律体系框架的最高层级，"加强劳动保护，改善劳动条件"是安全生产方面具有最高法律效力的规定。

《**中华人民共和国安全生产法**》（以下简称《**安全生产法**》）：于 2002 年 6 月 29 日第九届全国人民代表大会常务委员会第 28 次会议通过，同年 11 月 1 日实施。共有 7 章 97 条，主要对"生产经营单位的安全生产保障""从业人员的安全生产权利义务""安全生产的监督管理"及"法律责任"作出了基本法律规定。

《**中华人民共和国职业病防治法**》：于 2001 年 10 月 27 日第九届全国人民代表大会常务委员会第 24 次会议通过，2002 年 5 月 1 日施行。共 7 章 79 条。职业病防治工作方针是"预防为主，防治结合"；管理原则是实行"分类管理，综合治理"。

《**工伤保险条例**》：于 2003 年 4 月 16 日国务院第 5 次常务会议通过，并于 2004 年 1 月 1 日起施行。

该条例制定的目的：保障因工作遭受事故伤害或者患职业病的职工获得医疗救治和经济补偿，促进工伤预防和职业康复，分散用人单位的工伤风险。条例对工伤和劳动能力鉴定、工伤待遇等作了规定。

4. 从业人员安全生产权利和义务

（1）**安全生产权利**

① 工伤保险和伤亡赔偿权。《安全生产法》第四十九条规定："生产经营单位与从业人员订立的劳动合同，应当载明有关保障从业人员劳动安全、防止职业危害的事项，以及依法为从业人员办理工伤社会保险的事项。生产经营单位不得以

任何形式与从业人员订立协议,免除或者减轻其对从业人员因生产安全事故伤亡依法应承担的责任。"《安全生产法》第五十三条规定:"因生产安全事故受到损害的从业人员,除依法享有工伤社会保险外,依照有关民事法律尚有获得赔偿权利的,有权向本单位提出赔偿要求。"《安全生产法》第四十八条规定:"生产经营单位必须依法参加工伤保险,为从业人员缴纳保险费。"

② 危险因素和应急措施的知情权。《安全生产法》规定,生产经营单位的从业人员有权利了解其作业的场所和作业岗位存在的危险因素及事故应急措施。

③ 安全管理的批评检控权。《安全生产法》规定,从业人员有权对本单位安全生产工作中存在的问题提出批评、检举、控告。

④ 拒绝违章指挥和强令冒险作业权。《安全生产法》规定,从业人员有权拒绝违章指挥和强令冒险作业。

⑤ 紧急情况下的停止作业和紧急撤离权。《安全生产法》第五十二条规定:"从业人员发现直接危及人身安全的紧急情况时,有权停止作业或者在采取可能的应急措施后撤离作业场所。"

(2)必须注意四点

① 危及从业人员人身安全的紧急情况必须有确实可靠的直接根据,凭借个人猜测或者误判断而实际并不属于危及人身安全的紧急情况除外。

② 紧急情况必须是直接危及人身安全,间接或者可能危及人身安全的情况不应撤离,而应采取有效的处理措施。

③ 出现危及人身安全的情况时,首先停止作业,然后要采取可能的应急措施,采取应急措施无效时,再撤离作业场所。

④ 该项权利不适用于某些从事特殊职业的从业人员,比如飞行人员、船舶驾驶人员、车辆驾驶人员等。

(3)从业人员的安全生产义务

① 遵章守规,服从管理的义务。《安全生产法》第五十四条规定:"从业人员在作业过程中,应当严格遵守本单位的安全生产规章制度和操作规程。"《安全生产法》第一百零四条条规定:"生产经营单位的从业人员不服从管理,违反安全生产规章制度或者操作规程的,由生产经营单位给予批评教育,依照有关规章制度给予处分;构成犯罪的,依照刑法有关规定追究刑事责任。"

② 佩戴和使用劳动防护用品的义务。从业人员不履行该项义务而造成人身伤害的,生产经营单位不承担法律责任。

③ 接受培训,提高安全生产素质的义务。《安全生产法》第五十五条规定:"从业人员应当接受安全生产教育和培训,掌握本职工作所需的安全生产知识,提高

安全生产技能，增强事故预防和应急处理能力。"

④ 发现事故隐患及时报告的义务。《安全生产法》第五十六条规定："从业人员发现事故隐患或者其他不安全因素，应当立即向现场安全生产管理人员或者本单位负责人报告；接到报告的人员应当及时予以处理。"

5. 安全色、安全线和安全标志

安全色是指特定的表达安全信息的颜色。它以形象而醒目的色彩语言向人们提供禁止、警告、指令、提示等安全信息。

安全色包括4种颜色，即红色、黄色、蓝色、绿色。

红色表示禁止、停止的意思。禁止、停止和有危险的器件、设备或环境涂以红色标记。如禁止标志、交通禁令标志、消防设备。

黄色表示注意、警告的意思。需警告人们注意的器件、设备或环境涂以黄色标记。如警告标志、交通警告标志。

蓝色表示指令、必须遵守的意思。如指令必须佩戴个人防护用具标志、交通标志等。

绿色表示通行、安全和提供信息的意思。可以通行或安全情况涂以绿色标记。如表示通行、机器起动按钮、安全信号旗等。

对比色：有黑白两种颜色。黄色安全色的对比色为黑色，红、蓝、绿安全色的对比色均为白色，而黑、白两色互为对比色。

安全线：用以划分安全区域与危险区域的分界线。安全线用白色标记，宽度≥60mm。

安全标志：由安全色、几何图形和图形符号构成，用以表达特定的安全信息。使用安全标志的目的是提醒人们注意不安全因素，防止事故发生，起到保障安全的作用。

安全标志分禁止标志、警告标志、指令标志和提示标志四大类。

4.3.3 实习实训安全纪律要求

（1）学生实习、实训时应严格遵守学院及实习、实训单位的各项规章制度，遵守劳动、工作纪律。做到：

① 认真完成实习、实训大纲和实习进度要求的实习任务，记好实习笔记，按时完成教师布置的各项任务，积极发挥主观能动性，主动地学习专业业务知识和操作技能。

② 按时出勤，有病有事要请假。请假时间超过实习总时间的1/3或无故缺勤3天以上者，实习成绩为不及格。实习时间内不串岗，不做与实习无关

的事。

③ 严格执行实习单位的安全操作规程，按规定穿着工作服、使用防护用品，不擅动设备、电器等。

④ 尊重实习单位的技术人员和工人，听从指导，虚心学习；注意搞好与实习单位职工的关系；维护学院集体荣誉；发扬团结、友爱、互助精神。

⑤ 爱护公物，节约水电，注意卫生，参加力所能及的公益劳动。

（2）指导教师不得擅自离开岗位从事其他工作，不得私自找人顶替指导；否则作为教学事故处理。指导实习期间，原则上不得请假；确因特殊情况必须请假，应经系主任批准，并指派其他教师顶岗。

4.3.4 实习岗位工作规程

实习实训基地是高校相关学生及教师进行认知实习、毕业实习、课程实践等实习实训内容的场所，相关规程如下。

1. 认知实习规程

由实习方与基地达成认知实习意向，根据实习内容和实习人数，公司基地方成立由培训中心、安保部、人力资源部、技术部等组成的实习领导小组，规划好参观实习路线，供应好学生饮水、饮食，解决好交通住宿问题，保质保量按时完成实习。

2. 毕业实习规程

根据公司统一安排，每年拿出10个左右的转向节锻造、加工、检测、结构优化等方面的非涉密课题作为校企双方毕业设计，在公司进行不少于半个月的课题实践，撰写结题报告，经企业指导教师认可后，返校完成毕业设计或论文。特别事项：签订保密协议，禁止外泄公司商业秘密。

3. 岗前培训方案

湖北三环锻造有限公司实习岗前培训计划实例见表4-9。

表4-9 湖北三环锻造有限公司实习岗前培训计划实例

模 块	序 号	内 容	责任人	计划学时
通识模块	1	岗前安全教育	蒋垠超	1
	2	企业基本情况介绍	蒋德超、梁文奎	2
认知实习模块（含社会调查）	1	锻造生产及热处理生产认识	梁文奎	3
	2	模具及3D打印生产线认知	钟晶晶	3
	3	机械加工生产线认识	梁文奎	2
	4	质检及实验中心	梁文奎	3

续表

模　块	序　号	内　容	责任人	计划学时
毕业设计模块	1	热成型工艺介绍	陈天赋	6
	2	锻造生产及热处理生产认识	梁文奎	6
	3	模具及3D打印生产线认知	钟晶晶	6
	4	汽车制造加工工艺	王战兵	6
	5	机械加工生产线认识	梁文奎	5
	6	质量及检测工艺	陈天赋	6
	7	质检及实验中心	梁文奎	6
顶岗实习模块	1	热成型工艺介绍	陈天赋	16
	2	汽车制造加工工艺	王战兵	16
	3	质量及检测工艺	陈天赋	16
	4	锻造生产线	梁文奎	40
	5	模具及3D打印生产线	钟晶晶	40
	6	热处理生产线	朱银	32
	7	机械加工生产线	梁文奎	32
	8	质检及实验中心	梁文奎	32

实习前安全教育方案包括工作岗位安全、人身和财产安全、防盗、防抢、防骗、防传销、防网络犯罪等多方面教育。

4.3.5　考核方案及标准

（1）**考核内容**　纪律情况，工作态度，专业知识应用能力，动手能力，创新思想，科研及团队协作能力。实习成绩由指导教师根据实习日记、实习报告、实习单位鉴定意见及学生在实习中的表现按五级评定，即：优秀（90~100分）、良好（80~89分）、中等（70~79分）、及格（60~69分）和不及格（60分以下）五种。评分标准如下。

优秀：能很好地完成实习任务，达到实习大纲中规定的全部要求；实习报告能对实习内容进行全面、系统地总结，能运用学过的理论对某些问题加以分析，并有某些独到见解；实习态度端正，实习中无违纪行为。

良好：能较好地完成实习任务，达到实习大纲中规定的全部要求；实习报告能对实习内容进行比较全面、系统的总结；实习态度端正，实习中无违纪行为。

中等：达到实习大纲中规定的主要要求；实习报告能对实习内容进行比较全面的总结；学习态度基本正确，实习中无违纪行为。

及格：实习态度端正，完成了实习的主要任务，达到实习大纲中规定的基本要求；能够完成实习报告，内容基本正确，但不够完整、系统。

不及格：有下列情况中的任何一项者，教育实习成绩为不及格：不服从安排或擅自变更实习单位和实习时间者；不按时提交调查报告者；无故不参加任何一个实习环节者；实习单位及导师的评价为不合格者；严重违反文明规范，有损湖北文理学院和实习单位形象者。

（2）**平时实习成绩**（占50%，计50分）。

① 严格遵守国家法律、学校的实习纪律及单位规章制度。

② 工作积极主动，责任心强，吃苦耐劳。

③ 团结互助，以礼待人，学习态度端正，虚心向现场指导人员学习。

④ 现场教学能注意听讲，认真做笔记，当天实习日记能及时完成。

每个实习学生和指导教师联系四次，并至少完成十二篇实习日记。平时实习成绩，指导教师可通过与学生联系、了解实习单位反馈情况、批阅实习记录等方式进行。

（3）**实习报告**（占50%，计50分）。

① 独立按时完成实习报告。

② 内容符合实习大纲要求。

③ 能正确运用所学知识和理论，分析与解决实际问题能力强。

④ 论述无原则性错误。

⑤ 文章层次分明、语言简练、书写整齐。

（4）**加分项目**（最高可加50分，与前两项累计之和不超过100分，特别优秀者可直接评定优秀）。

① 提出了合理化解决方案。

② 公开发表了实习相关的学术论文。

③ 获实用型专利或计算机软件著作权授权。

④ 申请了实习相关的发明专利。

4.4 实习图片（图 4-73~图 4-82）

图 4-73　2017 年湖北文理学院学生实习开班仪式

图 4-74　实习现场

图 4-75　2017 年湖北文理学院机汽学生认知实习

图 4-76　华中科技大学学生实习

图 4-76（续）

图 4-77 中国地质大学（武汉）学生实习

图 4-77（续）

图 4-78 武汉理工大学学生实习

图 4-79　实习授课现场

 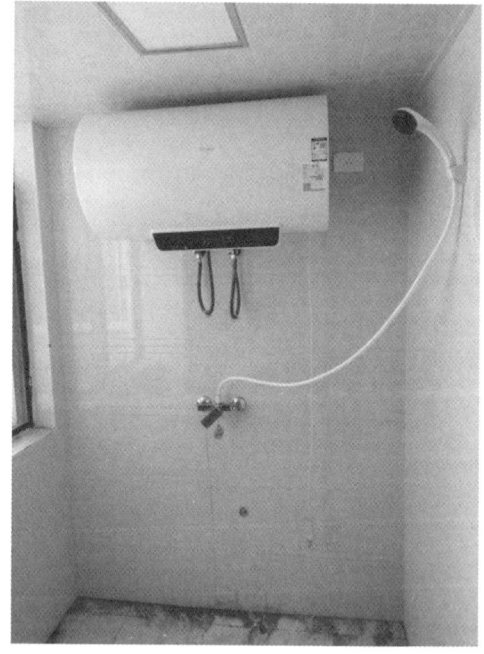

图 4-80　公司大学生实习实训生活基地

图 4-81 公司大学生实习实训业务活动

图 4-82 公司大学生实习实训业务活动

参考文献

[1] 胡明茂, 李峰. 机械与汽车工程生产实习 [M]. 北京: 中国水利水电出版社, 2019.

[2] 刘静安, 张宏伟, 谢水生. 铝合金锻造技术 [M]. 北京: 冶金工业出版社, 2012.

[3] 康存锋, 蒋晓青. 普通高等院校工程实践系列规划教材机械制造实习教程 [M]. 北京: 科学出版社, 2017.

[4] 常绿. 汽车电子电气元器件检测技术实习教程 [M]. 北京: 机械工业出版社, 2015.

[5] 朱建军. 制造技术基础实习教程 [M]. 北京: 机械工业出版社, 2012.

[6] 朱伟成. 汽车零件精密锻造技术 [M]. 北京: 北京理工大学出版社, 1999.

[7] 胡亚民, 华林. 锻造工艺过程及模具设计 [M]. 北京: 中国林业出版社, 2006.

[8] 张应龙. 锻造加工技术 [M]. 北京: 化学工业出版社, 2008.

[9] 夏巨谌, 胡洪斌, 赵海涛, 邓庆文, 邓磊, 李中伟, 余圣甫. 热锻模3D打印制造与再制造技术及其装备的研发和应用 [J]. 锻压技术, 2020, 45(08):1-5.

[10] 蔡佰煊, 刘高, 张运军, 黄明伟, 彭杰, 胡成亮, 赵震. 丁字臂锻件裂纹分析及工艺改进 [J]. 锻压技术, 2020, 45(01):15-21.

[11] 夏巨谌, 邓磊, 金俊松, 王新云, 蒋鹏, 张运军, 曹世金, 余国林, 陈天赋. 我国精锻技术的现状及发展趋势 [J]. 锻压技术, 2019, 44(06):1-16+29.

[12] 吴强, 邓庆文, 胡泽启, 李轶峰, 邵坦. 基于RBF神经网络与代数法的6R机器人逆运动求解 [J]. 数字制造科学, 2019, 17(03):201-206.

[13] 何万涛, 邵光保, 郭延艳, 王磊, 孟祥丽. 基于全息锥光的钛合金精锻叶片精密测量规划方法 [J]. 锻压技术, 2019, 44(12):139-146.

[14] 邓盛彪, 张宏涛, 孙勇, 苏子宁, 凌云汉. 基于大数据的锻造生产过程模型的搭建与分析 [J]. 锻压技术, 2019, 44(05):174-179.

[15] 夏巨谌, 余国林, 詹金辉, 夏自力, 邓磊, 曹世金. 可分式无飞边模锻的研发与应用 [J]. 模具工业, 2019, 45(05): 52-57.

[16] 方力, 侯智文, 黄俊润, 邓庆文, 武建祥, 秦训鹏. 电弧熔丝增材制造复合填充路径规划算法 [J]. 南京航空航天大学学报, 2019, 51(01): 98-104.

[17] 胡随芯, 秦训鹏, 胡泽启, 邓庆文, 武建祥. 热作模具堆焊修复再制造技术发展现状与趋势 [J]. 热加工工艺, 2019, 48(05): 10-16.

[18] 邵光保, 罗雅梅, 周明, 左培, 张鹏. 汽车转向节的机械加工技术及其发展 [J]. 湖北农机化, 2019(07): 53-55.

参考文献

[19] 张运军, 陈天赋, 杨杰, 黄明伟, 夏巨谌, 邓磊, 金俊松. 房车转向节整体模锻关键技术与模具装置研发[J]. 中国机械工程, 2018, 29(17): 2125-2130.

[20] 严树锋, 丁连军, 胡全, 李平. 汽车零部件再制造及其技术研究[J]. 现代制造技术与装备, 2018(09): 64+66.

[21] 韩利亚, 陈天赋, 甘万兵, 占克勤, 张宏涛, 王战兵, 李中伟, 江浩. 高温转向节锻件自动化三维测量与精度检测技术[J]. 塑性工程学报, 2018, 25(05): 53-59.

[22] 赵宁, 张运军, 陈天赋, 占克勤, 余国林, 兰箭. V5型转向节臂部锻造开裂研究[J]. 塑性工程学报, 2017, 24(03): 7-12.

[23] 凌云汉, 邵光保, 孙勇, 蒋鹏, 姚宏亮, 苏子宁. 基于机器视觉的锻件位置及顶杆检测系统[J]. 锻压技术, 2018, 43(05): 115-119+136.

[24] 吴华伟, 汪云, 刘祯, 梅雪晴, 丁华锋. 以车类学科竞赛为载体的应用型车辆工程专业实践创新教学探讨[J]. 中国现代教育装备, 2020, 13:109-111.

[25] 吴华伟, 刘祯, 聂金泉, 梁文奎, 梅雪晴. 应用型本科《汽车测试技术》课程思政建设探讨[J]. 高教学刊, 2020, 07: 186-187+190.

[26] 吴华伟, 张运军, 刘祯, 丁华锋, 聂金泉, 梅雪晴. 应用型本科汽车测试类课程群教学团队建设[J]. 教育现代化, 2019, A3: 120-121.

[27] 吴华伟, 梅雪晴, 聂金泉, 丁华锋, 张远进. "分类指导、多方联动、校企深度融合"的应用型本科车辆专业人才实践探索[J]. 高教学刊, 2018, 23:173-175.

[28] 吴华伟, 丁华锋, 梅雪晴, 聂金泉, 张远进. 地方本科院校汽车应用型人才校企协同培养探讨与实践[J]. 轻工科技, 2018, 34（12）:174-175.

[29] 吴华伟, 聂金泉, 孙艳玲, 景文倩, 梅雪晴, 张远进. 以应用型人才培养为核心的汽车测试类课程群建设与探讨[J]. 教育现代化, 2018, 49:64-66+120.

[30] 吴华伟, 聂金泉, 景文倩, 丁华锋. 以应用型人才培养为核心的汽车测试技术教学改革初探[J]. 轻工科技, 2017, 4:183-184.

[31] 王书贤, 吴华伟, 梅雪晴, 张琎. 基于应用型人才培养的校外实习实训基地建设研究[J]. 轻工科技, 2020, 04:164-165.

[32] 聂金泉, 吴华伟, 廖育武, 姚鹏华, 梅雪晴. 依托地方产业集群的车辆工程专业校外实践教学基地建设[J]. 教育教学论坛, 2020, 43:161-162.

[33] 景文倩, 聂金泉, 吴华伟. 委培式联合培养模式下《机械振动》教学方法探索[J]. 教育现代化, 2019, 82:110-112.

[34] 刘祯, 吴华伟, 王敏旺, 张琎. 基于能力培养的汽车运用工程教学模式的探索[J]. 科技视界, 2019, 13:92-93.

[35] 詹中新, 吴华伟, 雷红华. 基于襄阳市新能源汽车产业发展的校企合作实证研究[J]. 教育现代化, 2018, 14:22-24.

[36] 刘莹, 晏洋, 陈天赋, 庞秋. 考虑载荷不确定性的转向节结构优化研究[J]. 机电工程, 2020, 37(12):1504-1509.

[37] 易蒲淞, 郭鹏, 李文彬, 晏洋, 邓磊, 王新云. 挤压铸造6082铝合金的高温流变行为和变形激活能分析[J]. 精密成型工程, 2020, 12(05):81-87.

［38］杨堃，钟平洋，朱银.汽车零部件加工的智能化应用技术［J］.现代制造技术与装备，2020, 56(09):180-181.

［39］夏巨谌，邓磊，金俊松，王新云，蒋鹏，张运军，曹世金，余国林，陈天赋.我国精锻技术的现状及发展趋势［J］.锻压技术，2019, 06:1-16+29.

［40］许周礼，陈天赋，张运军，胡志力.6082铝合金转向节模锻工艺及变形规律［J］.锻压技术，2019, 06：17-23.

［41］胡成亮，胡誉，张运军，邓庆文，权开峰，李生仕，赵震.金属硬度预测模型的研究现状［J］.塑性工程学报，2020, 05: 7-11.

［42］蒋鹏，方刚，曹世金，余光中，胡福荣，曹飞，陈天赋.奔驰重卡转向节挤压锻造复合工艺的有限元分析［J］.锻压技术，2006, 01:22-27.

［43］吴咏辉，甘万兵，陈天赋，邵光保，李中伟，钟凯，陈然.基于JSTSON TX2的快速二值图像连通区域标记算法［J］.新技术新工艺，2019, 05: 48-52.

［44］周芃，朱荣宇，石婵，邓磊，王新云，陈天赋.基于GTN模型的5A06铝合金成型损伤建模［J］.塑性工程学报，2020,12:164-169.

［45］Fei Feng, Jianjun Li, Yunjun Zhang, Liang Huang, Hongliang Su, Shijing Cao, Guangbao Shao, Rongchuang Chen. Microstructure Evolution of 5052 Aluminum Sheet in Electromagnetic High-Speed Impact[J]. Metals, 2020, 10(564):1-11.

［46］Fei Feng, Jianjun Li, Liang Huang, Hongliang Su, Hongzhou Li, Yunjun Zhang, Shijing Cao. Formability enhancement of 5052 aluminium alloysheet in electromagnetic impaction forming [J].The International Journal of Advanced Manufacturing Technology, 2021, 112:2639-2655.

［47］孙勇，赵君鑫，代合平，蒋鹏.基于ISA95标准的数字化锻造工厂模型［J］.锻压技术，2016, 41(05):8-13.

［48］GB/T 38958—2020 变形铝合金精密锻造 工艺规范［S］.北京：中国标准出版社，2020.

［49］GB/T 38964—2020 钛合金等温锻造 工艺规范［S］.北京：中国标准出版社，2020.

［50］GB/T 38443—2019 GH4145合金棒材和锻件 通用技术条件［S］.北京：中国标准出版社，2019.

［51］GB/T 37558—2019 大型锻钢件的锻后热处理［S］.北京：中国标准出版社，2019.

［52］GB/T 37695—2019 智能制造 对象标识要求［S］.北京：中国标准出版社，2019.

［53］GB/T 37435—2019 热处理冷却技术要求［S］.北京：中国标准出版社，2019.

［54］GB/T 34358—2017 自由锻件、辗轧环件热态尺寸测量［S］.北京：中国标准出版社，2017.

［55］GB/T 33201—2016 NCu30-3-0.5合金棒材、线材、锻件和锻坯 通用技术条件［S］.北京：中国标准出版社，2016.

［56］GB/T 33212—2016 锤上钢质自由锻件 通用技术条件［S］.北京：中国标准出版社，2016.

［57］GB/T 33216—2016 锤上钢质自由锻件 复杂程度分类及折合系数［S］.北京：中国标准出版社，2016.